礼仪与职业素养（第2版）

主　编◎吴怡薇
副主编◎蒋丽萍　李　妍
主　审◎刘彬华

北京理工大学出版社
BEIJING INSTITUTE OF TECHNOLOGY PRESS

图书在版编目（CIP）数据

礼仪与职业素养 / 吴怡薇主编. —2版.—北京：北京理工大学出版社，2023.7重印

ISBN 978-7-5682-4171-7

Ⅰ.①礼…　Ⅱ.①吴…　Ⅲ.①礼仪-中等专业学校-教材 ②职业道德-中等专业学校-教材　Ⅳ.① K891.26 ②B822.9

中国版本图书馆CIP数据核字（2017）第178282号

出版发行 / 北京理工大学出版社有限责任公司
社　　址 / 北京市海淀区中关村南大街 5 号
邮　　编 / 100081
电　　话 / (010) 68914775 (总编室)
(010) 82562903 (教材售后服务热线)
(010) 68944723 (其他图书服务热线)
网　　址 / http：//www.bitpress.com.cn
经　　销 / 全国各地新华书店
印　　刷 / 定州启航印刷有限公司
开　　本 / 710 毫米 ×1000 毫米　1/16
印　　张 / 10
字　　数 / 173 千字
版　　次 / 2023 年 7 月第 2 版第 9 次印刷
定　　价 / 32.00 元

责任编辑 / 张荣君
文案编辑 / 张荣君
责任校对 / 周瑞红
责任印制 / 边心超

第二版前言

《礼仪与职业素养》作为面向中等职业教育改革规划创新教材，是中等职业教育课程改革项目研究成果之一。课程体现了中等职业教育德育课从实际出发，贴近未成年人”的原则，突出了“贴近社会、贴近职业、贴近中职学生”的职业教育德育特色。

修订版教材进一步强化了培养具有高尚人格、高度责任感、高水准专业素养的现代职业人的职业教育目标，将企业人力资源管理与开发的理念引入中职教育领域，通过体验式教育和养成教育，培育学生的职业精神与职业习惯。教材还突出了“和乐德育”特色，引导学生注重提升自身修养，与他人友好合作、和谐相处，学以致用、健全人格。

修订版教材体现了生本教育的教学理念，引导学生通过“自主、探究、合作、训练”的学习方式，自主构建对于礼仪知识的理解，进而通过自我教育与自我训练的方式培养自身良好的行为习惯，达到知行合一的教育效果。本次修订增设了案例与课后练习，便于在教学过程中将理论转化为易于理解、利于实践的常识，便于学生开展课后知识巩固复习和进行行为训练，进一步提高了教材的针对性和实效性。

本书是为中等职业学校学生编写的有关礼仪与职业素养方面的教材，可以作为学生的课程教材，也可以供学生课外阅读和开展拓展练习使用。

本书由国家高级人力资源管理师、珠海一职德育科组教师吴怡薇担任主编，学生处副主任李妍、德育科组长蒋丽萍担任副主编，由刘彬华副校长主审。

由于编者的学术水平有限，书中难免有不当之处，恳请广大读者批评指正。

编　者

2017年7月

第一版前言

为培育具有高尚人格、高度责任感、高水准专业素养的现代职业人，提高中等职业学校学生的礼仪与职业素养水平，帮助学生树立与他人和谐相处、友好合作的意识，树立工作中的质量意识、效率意识，从而培养学生的文明行为习惯与良好的职业习惯，我们将礼仪与职业素养课结合起来，从学生日常的校园生活礼仪着手，培养学生文明的行为习惯；从“上学如上班，上课如上岗”的理念起步，培育学生的职业精神与职业习惯。礼仪与职业素养具有的共性是内强素质、外塑形象，只有内外兼修，才能达到理想的境界，而且两者同属于养成教育的范畴，这正是本书将二者融为一体的原因。

礼仪与职业素养教育不是单一的传授知识，而是要从树立理念、启发心智入手，教师除了讲授基本的礼仪规范知识之外，更多的是要通过体验教育、养成教育的方式，将文明的理念渗透到学生的心中，将文明的行为习惯渗透到学生日常生活中去，使学生一边学，一边观察，一边思考，一边体悟，一边改进，逐渐形成自我教育的良好习惯，从“他律”走向“自律”，从“坐而言”转向“起而行”，达到知行合一的教育效果。

为适应礼仪与职业素养教育的这些特点，使教材更便于教育教学活动的开展，我们打破了传统教材单一的理论知识体系，突出以学生为本的“自主、探究、合作、训练”的教学模式，在本书的结构体系与写作特点上都有所创新。

本书的结构体系符合“逻辑—心理”顺序，符合学生的思维发展规律，教学内容的递进安排是以学生的生活为原点，从校园生活、家庭生活，扩展到社会公共生活、职场生活以及商务场合，依次展开对礼仪规范与职业素养的学习；知识的应用结构，以利于学生自主建构对知识的理解，培养自我训练的习惯为主线，运用“情景模拟”方式，促使学生对概念、原则、规范产生直观认识，再归纳总结，便于学生理解；运用“思考与辨识”板块，鼓励学生寻找和发现所学知识在现实生活中的意义与价值；运用“课堂实训”与“自我训练”板块，指导学生行动；运用“知识拓展”“养心阅读”“行动指南”等板块，引导学生课后继续探索学习并养成自我教育、自我训练的习惯。教材以朴实的语言，把枯燥的理论转化为易于理解、利于执行的常识，力求做到深入浅出，突出了针对性和实效性。

本书是为中等职业学校学生编写的有关礼仪与职业素养方面的教材，可以作为学生的课程教材，也可以供学生课外阅读、拓展练习使用。

本书在编写过程中，参阅了一些专家的研究成果，参考了大量礼仪与职业素养方面的书籍文献及网络刊物，在此谨向有关作者表示衷心的感谢；同时，感谢北京理工大学出版社的编辑及工作人员为这本书的出版所付出的辛勤劳动。

由于编者水平有限，书中难免有不当之处，恳请读者批评指正。

编　者

2014年4月

Contents
目录

第一章 礼仪引论

第二章 校园生活礼仪

第三章 家庭生活礼仪

第四章 社会生活礼仪

第五章 职业生活礼仪

第六章 商务礼仪

第一章 礼仪引论

教学目标

价值目标： 树立与他人和谐共处、自尊而尊人的基本理念。

知识目标： 掌握礼仪的概念、作用、特征和原则。

能力目标： 将礼仪的原则运用于实际生活中，建立注重礼仪细节的良好习惯。

——礼者，人道之极也

第一节　礼仪的基本理念

【情景模拟】

当你刚刚加入一个团体，比如进入一个新的班级，加入一个新的社团，你会怎样介绍自己？在做自我介绍时，你会注意些什么？同样情况下，当别人做自我介绍之后，你会有什么反应？下次再遇到向你曾做过自我介绍的这个人，你该怎么称呼他/她？

不妨先模拟一下这样的情景，做做看，然后与同学们分享你的感受。

一、礼仪的含义

在人们相互交往的过程中，言谈举止的每一个细节都能流露出彼此间相待的态度，尊重自己、尊重他人是人际交往的通行证。为建立和谐的人际关系，在长期的社会交往过程中，在风俗习惯的基础上，形成了为人们所共同遵守的行为规范，被称为礼仪规范。

礼仪规范具体表现在礼貌、礼节、仪式、仪表等方面。一个人对礼仪规范自觉应用的程度，往往能综合地反映出其内在的修养和素质。

礼貌是指人际交往中，表示尊敬和友好的言谈和行为，以尊重他人和不损害他人利益为前提。一个友好的微笑、一个善意的眼神、一次由衷的鼓掌、一句亲切的问候、一次愉快的交谈，都能表达出对他人的尊重与友好。

礼节指在日常生活中，表示问候、祝颂、哀悼、慰问等待人接物的惯用形式，往往要根据具体情境把握行礼的分寸。礼节的形式有握手、鞠躬、献花等。

仪式指特定场合举行的具有专门规定形式和程序的规范活动，如升旗仪式、欢迎仪式、签字仪式、颁奖典礼等。

仪表指人的外表，包括容貌、姿态、风度、服饰等，是一个人内在精神状态的外在表现形式。一个人的仪表应与其年龄、职业、所处的社交场合的要求相符合。

礼仪规范不只是对人们交往行为的外在约束形式，更是对人们交往过程中内心态度的一种引导。礼仪修养的过程不单是“修行”的过程，更是“修心”的过程。礼仪的魅力不在于矫揉造作，而在于通过对自身品行的长期修炼，不断完善自我，健全人格，从而在交往过程中的每个细节里都能自然流露出自尊而尊人的良好态度。

【养心阅读】

生命的化妆

林清玄

我认识一位化妆师，她是真正懂得化妆，而又以化妆闻名的。对于这生活在与我完全不同领域的人，我增添了几分好奇，因为在我的印象里，化妆再有学问，也只是在皮相上用功，实在不是有智慧的人所应追求的。

因此，我忍不住问她："你研究化妆这么多年，到底什么样的人才算会化妆？化妆的最高境界到底是什么？"

对于这样的问题，这位年华已逐渐老去的化妆师露出一个深深的微笑，她说："化妆的最高境界可以用两个字形容，就是'自然'。最高明的化妆术，是经过非常考究的化妆，让人家看起来好像没有化过妆一样，并且这化出来的妆与主人的身份匹配，能自然表现那个人的个性与气质。次级的化妆是把人突显出来，让其醒目，引起众人的注意。拙劣的化妆是其一站出来别人就发现她化了很浓的妆，而这层妆是为了掩盖自己的缺点或年龄的。最坏的一种化妆，是化过妆以后扭曲了自己的个性，又失去了五官的协调。例如小眼睛的人竟画了浓眉，大脸蛋的人竟化了白脸，阔嘴的人竟化了红唇……"

没想到，化妆的最高境界竟是无妆，竟是自然，这可使我刮目相看了。

化妆师看我听得出神，继续说："这不就像你们写文章一样？拙劣的文章常常是词句的堆砌，扭曲了作者的个性。好一点的文章是光芒四射，吸引了人的视线，但别人知道你是在写文章。最好的文章，是作家自然的流露，他不堆砌，读的时候不觉得是在读文章，而是在读一个生命。"

多么有智慧的人呀！可是，"到底做化妆的人只是在表皮上下功夫呀！"我感叹地说。

"不对的"化妆师说，"化妆只是最末一个枝节，它能改变的事实很少。深一层的化妆是改变体质，让一个人改变生活方式，使其睡眠充足，注意运动与营养，这样她的皮肤改善，精神充足，比化妆有效得多。再深一层的化妆是改变气质，多读书，多欣赏艺术，多思考，对生活乐观，对生命有信心，心地善良、关怀别人、自爱而有尊严，这样的人就是不化妆也丑不到哪里去，脸上的化妆只是化妆最后的一件小事。我用三句简单的话来说明：三流的化妆是脸上的化妆，二流的化妆是精神的化妆，一流的化妆是生命的化妆。"

化妆师接着做了这样的结论："你们写文章的人不也是化妆师吗？三流的文章是文字的化妆，二流的文章是精神的化妆，一流的文章是生命的化妆。这样，你懂化妆了吗？"

我为了这位女性化妆师的智慧而起立，向她致敬，深为我最初对化妆师的观点感到惭愧。

告别了化妆师，回家的路上我走在黑夜的地表，有了这样深刻的体悟：这个世界一切的表象都不是独立自存的，一定有它深刻的内在意义。那么，改变表相最好的方法，不是在表相上下功夫，一定要从内在里改革。

可惜，在表象上用功的人往往不明白这个道理。

选自《心的菩提》

【想一想】

我们应该如何提高自身的礼仪修养，养成良好的行为习惯，从而使自己在交往过程中的每个细节里都能够自然流露出自尊而尊人的良好态度呢？

二、礼仪的特征

1. 民族性

由于各个民族的文化传统和心理特征各不相同，各个民族和地区的礼仪表达形式及其代表的意义也都存在着差别。

为体现同一个意义，在不同民族中礼仪的表达形式各有不同。例如：在我国现代礼仪中，人们相互见面时，通常点头微笑致意；而在社交场合中一般行握手礼，根据双方的性别、年龄、职位高低等因素，决定由谁主动伸手握手。日本人相互见面时行鞠躬礼，鞠躬的深度往往与被问候者受尊敬的程度有关。泰国人相互见面时一般行合十礼。合十礼最初仅为佛教徒之间拜礼，后来发展成泰国全民性的见面礼。一般行礼时口念“萨瓦蒂”（梵语），原意为“如意”，表示祝福与问候。欧美人相互见面时，多行拥抱礼、亲吻礼，在行礼方式上往往因被问候人的身份不同而有所区别。总体来说，各个民族礼仪表达形式的不同，反映出各个民族文化与个性特征的不同，东方人的礼仪表达形式比较含蓄内敛，西方人的礼仪表达形式较为热情奔放。

同一礼仪表达形式在不同的民族中往往代表着不同的意义。例如：在美国的家庭中，子女可以直呼父亲的名字，表示双方亲切友好。这一做法在中国往往被视为不礼貌、不尊重长辈的行为。在西方婚礼上新娘穿着白色的婚纱，象征纯洁；而东方婚礼服饰的色调则多为红色，象征喜庆。白色在东方一般是用于丧葬仪式上的。

各民族礼仪表达形式都是在民族文化长期传承过程中积淀下来的，在不同的国家、不同的场合，礼仪的表达方式各不相同。例如：在国际礼仪中，仅仅见面礼就有问候礼、点头礼、握手礼、鞠躬礼、亲吻礼、合十礼、脱帽礼、挥手礼等。现代社会各民族、各地区之间的交流与合作越来越广泛，人们应该更进一步加强相互了解，彼此尊重，注意入乡随俗。

【知识拓展】

十种致意礼仪

(1) 点头礼：又称颔首礼，在会场、剧院等不宜交谈的场合遇到熟人时，或同一场合多次遇到同一个人时，及遇到多人无法一一问候时，可以点头致意，即身体略向前倾15°左右，面带微笑，轻点头。

(2) 微笑礼（图1-1）：微笑礼是面带微笑、不出声的致意方式，适于同初次会面，或同一场合多次见面的老朋友间表示问好。

图1-1　亲切微笑

(3) 鞠躬礼：一般社交场合中，晚辈对长辈，学生对老师，下级对上级，表演者对观众等都可以使用鞠躬礼。行礼时脱帽，目视对方，上身弯腰前倾。弯腰的幅度根据具体施礼对象和场合来决定。男士行鞠躬礼时，双手垂于体侧；女士行鞠躬礼时，双手搭于腹前。行鞠躬礼时，一般伴有问候语，如“您好”“欢迎光临”。

(4) 拥抱礼和亲吻礼：拥抱礼和亲吻礼是欧美流行的行礼方式。拥抱礼多用于迎送宾客或表示祝贺、致谢等场合。拥抱礼是双方相对站立，身体微前倾，各自右臂环拥对方左肩，左臂环拥对方右腰，双方头部及上身偏向右侧互拥，然后再反向拥抱一次。亲吻礼往往与拥抱礼相结合使用。一般夫妻间、恋人间行吻唇礼。长辈与晚辈之间宜吻面颊或前额，长辈吻晚辈前额，晚辈吻长辈面颊。平辈间往往以贴面为礼。在公开场合，关系密切的女子间或男女间可行贴面礼；男子对尊贵的女子可行吻手礼，吻其手背或手指。

(5) 举手礼：举手礼一般适用于远距离与人打招呼。行礼时，举起右手手臂，掌心向着对方，左右轻轻摆动一两下，以示致意。致意行礼见图 1-2。

图 1-2　致意行礼

(6) 脱帽礼：戴帽者在遇见熟人，与人交谈，以及进入室内或参加相关仪式时，摘下自己的帽子，以示有礼。一般来说，现役军人可以不脱帽。

(7) 拱手礼：拱手礼是我国民间传统的会面礼。行礼时，右手握拳，左手抱拳，拱手齐眉，由上到下或自内而外，有节奏地晃动两下。拱手礼用于表示祝贺、祝愿、道别、抱歉等意思。常伴有相应的语言，如“恭喜”“后会有期”等。

(8) 注目礼：注目礼一般用于升旗仪式、检阅仪式、剪彩仪式等场合，也用于送客时目送对方离开的场合。行注目礼时，身体立正，双目正视对象或目光随之缓缓移动。在升旗等庄严的场合中，应保持严肃的表情；在送客时应面带微笑。

(9) 合十礼：合十礼多见于佛教国家，如泰国、缅甸、柬埔寨、尼泊尔、老挝等国，也见于我国的傣族和佛教徒间。行合十礼时，两掌心相对相合，十指伸直，掌尖和鼻尖相平，手掌略向外倾，双腿直立，上身微欠身低头。行合十礼时双手举得越高，越体现出对对方的尊敬，原则上不可高于额头。

(10) 握手礼：握手礼是许多国家的通用礼仪，应用范围较广，可用于表示欢迎、问候、祝愿、合作、感谢、谅解、安慰、鼓励或道别。

握手的次序：男女之间，女士先伸出手；主客之间，主人先伸出手；长幼之间，长者先伸出手；上下级间，上级先伸手；一个人与多人握手时，次序应先尊后卑，如先老师，后学生；先已婚者，后未婚者；先职位、身份高者，后职位、身份低者。如图 1-3~图 1-5 所示。

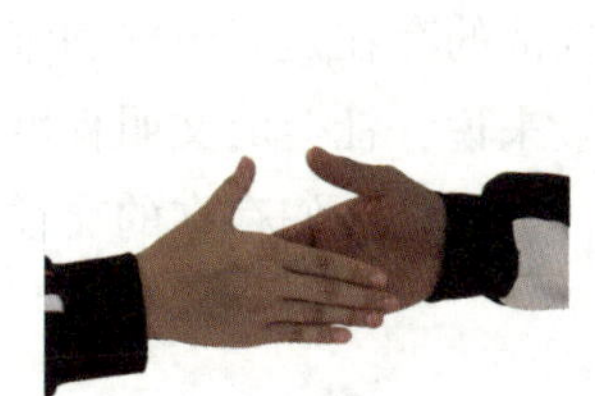

图 1-3 握手礼——掌心相对

图 1-4 握手礼——目视对方

图 1-5 握手礼——对等相握

握手的方式为右手相握，根据具体情景确定采取的具体握手方式。一是平等式，即面带微笑，双方掌心相对，对等相握。适用于初次相见、交往不深的人之间，或一般政务、商务场合。二是抱握手式，即双手握对方右手，表示关系密切，表达深情厚谊。

握手力度不宜过大，也不能太轻，如果是熟人可以力度稍大些。

握手时间则一般控制在 5 秒为宜。若要表示热烈的感情则可适当延长时间，但注意时间不宜过久，尤其是与异性握手时，握得过久容易引起误会。

关于动作幅度，握手时上下晃动若干次，不要左右晃动，幅度不宜过大。

握手的禁忌：握手时注意不要用左手握手；不应仅握对方指尖；不应多人交叉握手；不应面无表情地握手；不应一手握手，另一手插口袋；不应戴手套、墨镜握手（女士只可戴薄纱手套）；一般不应拒绝与对方握手，如果因手脏、手湿等特殊情况应予以说明；不应给对方一双冰冷的手，而如果手容易冰冷，不妨在会客前先把手放进口袋里捂热，否则容易给人留下消极的印象。

2. 时代性

一个国家、一个民族的礼仪一旦形成，通常会长时间为后人所沿袭。例如：婚礼作为人生中的一个重要仪式，自古以来就受到人们的高度重视，至今也依然如此。

在继承传统的同时，一些礼仪的表达形式也随着社会的进步而进步，随着时代的发展而发展。例如：封建社会旧的礼仪反映人的尊卑等级意识，如采用跪拜礼等形式，反映出施礼者和受礼者双方地位的不平等，阻碍了人们相互尊重的人际交往关系的发展，这种礼节已逐渐被历史潮流所淘汰。在现代社会，以握手礼取代跪拜礼，充分表达出人与人之间相互平等、彼此尊重的新型社会关系。

经过代代传承演变，一些礼仪表达形式也发生了很大的变化。例如：现代人们款待宾客，举行庆典活动时，以右为上；而秦汉以前是以左为尊。现代人们见面相互致意，以脱帽为敬；而古代则以戴冠为敬。

3. 共同性

礼仪是社会全体公民所应共同遵守的行为规范。礼仪规范的存在是以建立和维护良好的社会秩序，创建和谐的人际关系为根本目的的。一般来说，社会的文明程度越高，为社会全体公民共同遵守的礼仪所占的比重也就越大，也就是人们存在的交往共识越多。

【知识拓展】

中国传统成人仪式——冠笄之礼

成年仪式标志着一个人走向成熟，古已有之。成年仪式按照性别差异，分别为男子的成丁礼和女子的成女礼，即我国古代的冠笄之礼。

冠礼，据《礼记》记载，古代男子 20 岁行冠礼。冠礼是庄重的仪式，男子加冠以后标志着他已步入成年人的行列，不再是个孩子了，自己的言行举止要以成年人的标准来要求了，社会上其他人对待他也都要以对待成年人的礼节来相待了。

笄礼，据《礼记》记载，古代女子 15 岁行笄礼。笄礼，是将头发绾起，用笄簪上，标志着女子成年了。

古时候，无论男女，年幼时都不结发，头发是自然披散的，最多在脑后扎成两撮，称之为“总角”，并且不加修饰。待到成年时，就要对头发予以精心打理，男子加冠，女子加笄。举行这样的仪式意味着：从此他们将由昔日在家庭中毫无责任的“孺子”转变为对家庭、社会承担责任的成年人了。

三、礼仪的原则

1. 尊重原则

尊重原则是礼仪的基本原则。在人际交往中，我们应该尊重他人的人格，尊重他人的劳动，尊重他人的爱好和情感；同时，我们也应该保持自尊，在每一个行为细节中，注重对自身形象的塑造与维护。

要意识到，生活中我们不是独立存在的。我们在生活和工作中会与许多人建立联系，我们身边的人也都有着各自合理的需要。尊重他人是具有同理心的表现，正所谓“己所不欲，勿施于人”。不为他人的生活带来困扰，尊重自己，尊重他人，与他人和谐相处，这些应该成为我们参与社会生活的基本共识。

【行动指南】

尊 重 他 人

尊重师长，尊重上司，是一种天职；尊重同学，尊重同事，是一种本分；尊重幼小，尊重下级，是一种美德；尊重客人，尊重客户，是一种常识；尊重持不同意见的人，尊重竞争对手，是一种风度。尊重所有人是一种教养，让我们用行动去尊重与善待身边的每一个人吧。

2. 平等原则

人格的平等是人与人交往时建立情感的基础，也是建立和维护良好人际关系的保障。运用礼仪是为了表达对他人的尊重，出发点是人们心中共有的善与爱、理解与信任。在人际交往中我们既不应该因为年长、位高而骄傲、自负，也不应该因为年轻、位低而自卑、自惭。与人交往的过程中，不要厚此薄彼，更不要自以为是。我们应该保持一颗平和的心，以阳光的心态与他人相处。

3. 适度原则

礼仪是交往的艺术，我们要学会“换位思考”，要能够设身处地地为他人着想，恰到好处地向他人表达尊重与善意。日常生活和交往中，人们由于性别、年龄、职业、地位、受教育程度、社会经验以及性格等不同，看问题的角度、思维方式乃至行为方式也会有所不同。我们不但要关注到这些不同，在交往中求同存异，而且要注意以恰当的行为方式表达自己对他人的尊重。

在人际交往中，针对不同的场合，面对不同的对象，我们要注意把握好自身行为的分寸，根据具体情况、具体情境行使相应的礼仪。在与人交往时，既要彬彬有礼，又要不卑不亢；既要热情大方，又不能轻浮阿谀；既要保持自尊，又不能自负自大；既要坦诚待人，又不能粗鲁莽撞……在交往中，我们要在行为、态度、言论上都保持适度。

4. 自律原则

礼仪规范不同于法律法规，它的实现并非依靠外在的监督力量去实施。礼仪是要依靠人们内心的信念和内在的动力去实现与维系的。在内心深处建立与他人和谐相处的愿望，是走向自律的第一步。

我们应该认识到，在我们的学习、生活和工作中会涉及很多人，为了让每个人都不受到他人的打扰，都能安心、愉快地生活，都能和谐融洽地彼此相处，就需要我们共同遵守礼仪规范。

不要小看礼仪规范所涉及的每一个细节，每一个细小规则的背后，都体现着对他人的尊重和对自我形象的维护。例如："守时践约"这条礼仪规范，体现的就是对他人时间的尊重。如果上课迟到，就会打断课堂的进程，对老师授课和同学们的学习构成打扰；如果上班迟到，就会延误工作，可能导致客户利益和公司利益受损。无论是哪种迟到，都体现出我们自身缺乏自我管理的能力，体现出我们对他人的轻视，体现出我们以自我为中心，缺乏合作精神。所以，学习礼仪知识时要用心去体会、领悟，让心灵变得柔软，保持向善，注重细节。

只有当我们在心中树立与他人和谐共处的愿景，意识到自己的行为对自己和他人都会构成一定的影响，对生活中的不良现象自觉加以识别与摒弃，排除干扰，加强礼仪知识的学习，注重生活细节，时常自我察觉，自我省思，自我规范，才能够不断完善自我，实现个人礼仪修养的提升，使自己的思想境界得到升华。

【思考与辨识】

观察校园生活、家庭生活及社会生活中的细节，将那些使你的内心感到温暖的人际交往瞬间和那些你看到的不文明行为记录下来，并各举 3 个例子，然后与你的同学进行交流。养成观察与思考的习惯，留意生活中不起眼的小事，勤于思考，会增长许多智慧。

第二节　礼仪的起源与发展

一、我国礼仪的起源与发展

在人类文化发展的初期，生产力水平极为低下，生存条件极其恶劣，我们的祖先对电闪雷鸣、地震、洪水、火山爆发等自然现象无法做出科学的解释，往往将其看做鬼神弄人，先民们就采取用物品祭拜鬼神的方式来求得庇佑。在反复的祭祀过程中，祭祀的程序与方法逐渐完善并固定下来，祭祀仪式就成了人类最基本的礼仪行为。礼的繁体字“禮”，左边代表神，右边代表向神进贡的祭物。因此，汉代学者许慎在《说文解字》中说：“礼，履也，所以事神致福也。”

据人类学家推断，早在2.5万年前，先民们就实行了埋葬死者时撒赤矿粉的原始宗教仪式，这是迄今为止在中国发现的最早的葬礼。一万多年前的山顶洞人文化中的葬制和随葬品说明了当时的丧葬也有一定的礼仪形式。在今西安附近的半坡遗址中，发现了距今5000年前的半坡村公共墓地。墓地坑位排列有序，死者的身份有所区别，有带殉葬品的仰身葬，也有无殉葬品的俯身葬。此外，仰韶文化遗址表明，当时人们已经注意尊卑有序、男女有别。长辈坐上席，晚辈坐下席；男子坐左边，女子坐右边，礼仪日趋明确。

国家形成以后，礼仪系统日趋严密。到了夏、商、周三代，礼仪的典章化、制度化已经相当完善了，礼仪渗透到社会生活的各个方面。春秋末年，孔子奠定了儒家学说在传统文化中的核心地位，他倡导“仁者爱人”的思想，强调人们应该有同情心，相互关心，彼此尊重。《周礼》《礼记》《仪礼》这三部典籍总称“三礼”，较为全面系统地阐述了传统礼仪文化的内容。

秦汉以后，在延续两千余年的封建社会里，礼治的思想成了封建社会统治者的统治工具。儒家传统礼仪起到了规范人们的行为，维护社会安定的重要作用。

随着社会发展，“三纲五常”等封建礼仪已不能适应生产力发展的需要，因而渐渐被淘汰。20世纪初辛亥革命的爆发，促进了新文化运动的全面展开。“五四”时期的新文化运动是近代中国的思想启蒙运动，以它为代表的伦理道德革新、中国礼仪革命，抛弃了封建礼教的糟粕，继承和发扬了以尊重他人为原则的传统礼仪精髓，建立了以自由、平等为基础的中华礼仪新道路。

现代礼仪以科学精神、民主思想和现代生活为基础，表现出新的社会关系和时代风貌。礼仪与社会制度、人民文化素质、道德水平都有着密切的关系。在建设社会主义精神文明的进程中，礼仪发挥着调节人际关系，保持社会合理秩序的重要作用。

二、西方礼仪的起源与发展

西方礼仪一词最早见于法语“Etiquette”，原意为“法庭上的通行证”，记载着进入法庭应该遵守的事项。后来，其他公共场合也都制定了相应的行为规则。这些规则由繁而简，构成一个系统，渐渐为大家认可，成为社会交往中人际关系的通行证。

在古希腊文献典籍中，如苏格拉底、柏拉图、亚里士多德等先哲的著作中，都有很多关于礼仪的论述。毕达哥拉斯率先提出了“美德就是一种和谐与秩序”的观点。文艺复兴后，西方礼仪得到了全面的规范和提升，从上层社会对遵循礼节的繁琐要求，到20世纪中期对优雅举止的崇尚，再到适应社会平等关系的较为简单的礼仪规则的全面普及，西方礼仪不断发展变化。

三、中西方礼仪的不同特点

1. 中国当代礼仪的特点

改革开放以来，随着我国同世界各国交流的增多，西方礼仪文化迅速传入我国。我国当代礼仪规范在中国传统礼仪的基础上，取其精华，去其糟粕，继承发扬了中华民族优良的传统，也在新的层次上同国际接轨，建立了符合国际通行原则的礼仪规范。我国的礼仪规范具有以下特点。

（1）重视血缘、亲情。中国人重视家族，在人际关系中最稳定的因素就是血缘关系，有着很强的家族观念，这是中华民族的历史文化传统。在中国古代社会，人们以家族为本位，每个家庭成员都把家族礼仪放在首位。人们认为国是家的放大，所以人际关系都是家族关系或这种关系的延伸。由这种观念就延伸出“老吾老以及人之老，幼吾幼以及人之幼”的观念和做法，从古至今，尊老爱幼、孝敬父母都是中华礼仪的风尚。

（2）强调共性。中国人注重共性，具有较强的民族感，在社会生活中强调集体主义原则，个人服从于集体。人们在交往中较注重他人和社会对自己的评价。

（3）谦虚谨慎、含蓄内敛。中国人性格一般宽厚平和、含蓄内敛，与人相处时较为谦虚谨慎，自我克制。例如：在听到别人真诚的赞扬时，我们往往用“做得不好”来表示自谦，而西方人则常用“谢谢”表示接受对方的赞扬。

2. 西方当代礼仪的特点

以英、法、德、美、意等欧美国家为代表的西方礼仪，讲求个体精神的体现，其礼仪的基础是人人平等，用个体的完善构成整体社会的价值体系。西方礼仪具有以下特点。

(1) 强调个性，崇尚个人自由。西方礼仪强调个人为本，个性自由，认为在不违背法律的前提下，个人拥有绝对的自由空间，个人尊严的维护是极其重要的。在人际交往中，要求尊重他人的隐私和个人空间，尊重他人的选择权。

(2) 强调务实，追求简单易行。西方礼仪强调简单易行，认为在人际交往中，既要讲究礼貌，表示对对方的尊敬，又要注重简洁便利，不要繁文缛节。不提倡过分客套，过度自谦。西方礼仪在一定程度上反映出西方人士感情外露、注重效率的特点。

(3) 强调平等，注重女士优先。西方礼仪强调，无论在什么场合，不仅要讲求男女平等，更要讲究尊重女性，女士永远是被尊重的对象，拥有优先权。在一切社交场合，给予妇女种种特权，关心妇女，帮助妇女，保护妇女。在西方不知道尊重女性的人，会被认为是没有教养的人。

【知识拓展】

鞠躬、碰杯、脱帽、握手礼仪的由来

鞠躬起源于中国。商代的祭天仪式中有一种被称为“鞠祭”的仪式，就是将牛、羊、猪这些祭品整体弯曲成鞠形，摆到祭祀处奉祭，以表达恭敬、虔诚的心意。后来，人们援引这种形式，以弯腰致礼的方式，表达对地位崇高的人或长者的尊敬。

在古罗马时代，贵族、帝王时常让奴隶决斗。决斗前都要先喝杯酒，因为怕对方在酒杯里放毒药，所以喝酒前决斗双方都要把各自杯中的酒倒给对方一些，使之掺和后再饮用，以证明酒中没有投毒。这种风俗后来渐渐演变成为宴会上的碰杯。

人类为了维持与发展血缘亲缘之外的各种人际关系，避免“格斗”或“战争”，逐渐形成了各种与“格斗”“战争”相关的礼仪。

如：远古时候，人们以渔猎为生，外部环境中充满危险，人们时常要手持武器，以求自卫。后来，在人们相见时，如果双方都怀有善意，便相互举手示意，产生了举手礼。日后，又逐渐演变成伸出手来，手心相向，向对方展示手中没有武器，相互以右手相握，表示友好，就这样沿袭下来，便为了今天的握手礼。为了表示自己对他人的友好与尊重，表示对对方不怀有戒备，便在对方面前丢弃盔甲，进而渐渐演变成为脱帽礼。

【自我训练】

你有没有向身边的人主动问好的习惯？从今天开始就养成这个好习惯吧！

早上起来，愉快地向你的父母问声“早上好”；回到学校，见到同学微笑地问声“早上好”；见到老师诚挚地问声“老师好”；在校园里遇到保安、校工，都亲切地点头致意，问声“您好”“叔叔好”“阿姨好”……一声亲切的问候，拉近你我的距离，带给自己和他人一个美好的心情。你现在就去试试吧！

第三节　礼仪修养的途径与方法

一、修养的含义

修养，“修”指调整、锻炼、提高；“养”指养成、培养、涵养。修养指一个人在政治、道德、学识、技艺等方面达到一定的素质，也指为达到一定的水平所进行的长期学习和实践活动，以及逐渐养成的待人处事的正确态度。修养是通过长期努力学习、磨炼、积淀而来的。

二、礼仪修养的途径和方法

1. 礼仪修养的途径

加强思想道德修养，对提高礼仪水平具有决定作用。思想道德修养是一个人的道德意识、信念、行为和习惯的磨炼与提高的过程，同时也指所达到的一定境界。这种修养自觉地指导我们的行为，使我们自觉地贯彻执行礼仪规范。

一个人的礼仪行为，从本质上说是内心世界在待人接物过程中的反映。个人外在的仪容、仪表、仪态、言行及举止都以内在的德行为本。有诚敬之心，才会有庄重、恭谨之色；忠信形于内，感动才能应于外，否则个人礼仪行为就会流于形式。一个人的思想道德修养提高了，同时辅以礼仪规范的学习，礼仪修养就会相应地提高。个人美好的内心世界，通过优雅的举止、礼貌的言行、富于风采的仪表展示出来，表里如一、和谐自然，是礼仪修养追求的境界。

2. 礼仪修养的具体方法

(1) 养心。每一个人都有成长为一个有品格的人的潜力。只要我们保持对自己行为的觉醒，保持敏锐的眼光和温良的心灵，我们会渐渐领悟礼仪的真谛。养成阅读的习惯，多从哲学、心理学等社会科学书籍中汲取养分，多观察身边的事，保持对生活的那份敏感，多思考，勤辨析，提高自己的道德辨识能力，提高自己的礼仪修养与文明素质。

(2) 修行。习惯往往是经历一段时间的行为重复后，渐渐形成的自动化、下意识的行为反应。我们通常感到习惯是较难改变的，但事实上，习惯不但可以养成，而且是可以改变的。我们可以通过有意识地进行自我行为训练，养成良好的习惯。

不妨从今天起开启“30 天计划”，进行个人行为习惯的自我训练。“30 天计划”源于一种传统的观点，即改变一个习惯需要连续坚持一定时间，以 30 天为最初的计划周期，便于用日历计数。如果你坚持完成了 30 天计划，你就已经形成了一个习惯；如果坚持三个“30 天计划”周期，即重复同一种行为 90 天，你就会形成较为稳定的习惯。

无论是想要培养良好的新习惯，还是想要改变不良的旧习惯，我们都可以从今天开始，尝试进行自我训练。在进程中不断鼓励自己，坚持下去，一旦发现自己有所动摇，就要及时纠正自己，沿着正确的方向，继续前进。良好的行为习惯，是靠平日点滴积累起来的。要相信自己，坚定目标，持之以恒，自律慎独。

自我训练与复习巩固

一、礼仪常识自测题（判断题）

1. 见面礼，我国习惯以握手为礼，欧美人常以鞠躬为礼，日本以拥抱为礼。（　　）

2. 握手时的顺序一般是主客之间，主人先伸手；上下级之间，下级先伸手。（　　）

3. 居间介绍时为表示对长辈的尊敬，应该先将自己的长辈介绍给自己的同辈。（　　）

4. 在礼仪接待过程中，接待员一般走在客人的右前方一两步引领方向。（　　）

5. 我国民间的拱手礼即可用于表示祝贺、祝愿又可用于表示道别、抱歉。（　　）

二、思考与辨识

观察人们在生活中的礼仪细节，将那些使你内心感到温暖的人际交往瞬间和那些你看到的不文明行为记录下来，各举 3 个例子，并写下你的感受。

<table>
<tr><td rowspan="4">我的观察与感受</td><td>暖心的瞬间</td><td>不文明行为</td></tr>
<tr><td>1.</td><td>1.</td></tr>
<tr><td>2.</td><td>2.</td></tr>
<tr><td>3.</td><td>3.</td></tr>
<tr><td colspan="3">对于我们周围的人来说，这个世界是否美好，很大程度上取决于我们是否爱他们，善待他们。——周国平</td></tr>
</table>

三、行为训练

开启 30 天行为训练计划：

1. 请在下表中填写：你要养成的一项习惯（要注意量力而行，一次培养一个习惯。如：坚持每天早 30 分钟起床；坚持每天阅读 15 分钟；坚持每天写一篇日记等等。）写上计划实施的时间段（如 9 月 1 日至 10 月 1 日）；列出为保证计划成功，你必须遵守的规定（不超过 3 条）。

2. 开始行动并每天坚持。

3. 每天填写计划实行情况，简要写下自己的感受，为自己加油。

4. 在计划周期的最后一天统计计划完成情况，看看自己完成计划的天数占总天数的比例。未达 100%也不要泄气，继续第二个计划周期的挑战吧。在坚持的过程中，你会感到自我管理能力的提升，你会体会到由衷的喜悦和成就感。

<table>
<tr><td>习惯目标</td><td colspan="2"></td></tr>
<tr><td>计划时间段</td><td colspan="2">年　　月　　日至　　年　　月　　日</td></tr>
<tr><td>保证措施</td><td colspan="2">1.
2.
3.
……</td></tr>
<tr><td>日　期</td><td>是否完成</td><td>自我训练感受</td></tr>
<tr><td>第 1 天</td><td></td><td></td></tr>
<tr><td>第 2 天</td><td></td><td></td></tr>
<tr><td>第 3 天</td><td></td><td></td></tr>
<tr><td>第 4 天</td><td></td><td></td></tr>
<tr><td>第 5 天</td><td></td><td></td></tr>
<tr><td>第 6 天</td><td></td><td></td></tr>
<tr><td>第 7 天</td><td></td><td></td></tr>
<tr><td>第 8 天</td><td></td><td></td></tr>
<tr><td>第 9 天</td><td></td><td></td></tr>
<tr><td>第 10 天</td><td></td><td></td></tr>
<tr><td>第 11 天</td><td></td><td></td></tr>
<tr><td>第 12 天</td><td></td><td></td></tr>
<tr><td>第 13 天</td><td></td><td></td></tr>
<tr><td>第 14 天</td><td></td><td></td></tr>
<tr><td>第 15 天</td><td></td><td></td></tr>
<tr><td>第 16 天</td><td></td><td></td></tr>
<tr><td>第 17 天</td><td></td><td></td></tr>
<tr><td>第 18 天</td><td></td><td></td></tr>
</table>

续表

日　期	是否完成	自我训练感受
第 19 天		
第 20 天		
第 21 天		
第 22 天		
第 23 天		
第 24 天		
第 25 天		
第 26 天		
第 27 天		
第 28 天		
第 29 天		
第 30 天		

第二章 校园生活礼仪

教学目标

价值目标： 理解建立良好的秩序的重要意义，树立团队合作的观念。

知识目标： 掌握校园礼仪的基本规范，了解学生仪表仪态和行为规范的要求。

能力目标： 将礼仪规范运用于校园生活中，建立良好的学习生活习惯。

——不学礼，无以立

第一节 学生仪容仪表规范

【探索活动】

以小组为单位开展探索活动，由同学们自己担任“形象观察员”“形象分析员”和“形象体验员”，全方位、多角度出击，观察职场从业人员和校园中学生的形象，分析不同场合人们仪表规范存在的差异及原因，亲身体验学生仪容仪表规范，与全班同学分享所见、所思、所感。

任务 1

观察身边各行各业工作人员的职业形象，寻找你们心目中最具职业魅力的不同行业从业人员 5 名，列举出他们的职业仪表特征。有条件的在征得对方同意的前提下，为对方拍照或与对方合影留念，制作成 PPT 与全班同学交流分享，并想一想为什么这些行业各有不同的仪表规范要求。

任务 2

学习学生仪容仪表规范，用本校的统一规范要求来规范自己的形象，想一想作为学生为什么要符合学生仪表规范的要求，看一看自己对学生仪表规范要求有没有什么不理解的地方，并标出来。

任务 3

观察身边的同学，寻找你们心目中仪表最规范的学生形象大使，有条件的在征得对方同意的前提下，为对方拍照或与对方合影留念，制作成 PPT 与全班同学交流分享，同时请列举出身边典型的不符合学生仪表规范的现象，说一说这些不符合规范的细节为什么不好。

一、个人礼仪概述

1. 个人礼仪的概念

良好的仪表、得体的举止、恰当的谈吐，有助于形成我们良好的个人形象。在社会交往中，人们往往首先关注个人礼仪，以良好的个人形象展现自身的魅力，体现出个人的自尊，同时表达对交往对象的尊重。

个人礼仪以个人为支点，主要内容包括了个人仪容、仪表、仪态、表情等。个人仪表是对个人社会形象的设计、塑造与维护，是礼仪规范在个人言谈举止、行为习惯、道德修养方面的反映，也是个人道德品质、文化素养、审美情趣等精神内涵的外在表现。

2. 影响个人礼仪的因素

（1）心理因素。在交往中，人们往往首先通过你的表情、仪容、着装、姿态等获取对你的直接印象，并根据这种直接印象对你做出初步判断；其次才会考虑到交流的实质内容。这种初次见面形成的对他人的感受，被称为第一印象。第一印象在交往中起着很大的作用，一定程度上成为影响双方是否继续交往下去的重要依据。第一印象的这种先入为主的作用，又被称为首因效应。在人际交往中，要形成稳定、和谐、愉快的人际关系，除了后续努力外，更要从第一印象着手。

据心理学家研究，第一印象的形成时间非常短暂，只有几秒到几分钟的时间。从某种程度上说，第一印象存在片面性，难免因误判而产生偏见；但第一印象在交往中的现实意义不容忽视，人们往往通过他人的言谈举止、服饰打扮来判断他人的性格特征、受教育程度、家庭背景等。基于人际交往中的这种心理因素，要求我们更要注重个人的形象与礼仪修养。

（2）社会因素。人类的生存与发展离不开群体生活的特性，人的一生都是在与其他社会成员的密切交往中度过的。人们分属于不同的家庭，家庭成员间的交往非常密切；人们分属于各个不同的群体，各个不同群体间又彼此交错，形成一张绵密的人际交往网络。例如：基于血缘关系，一个女性可以是女儿，也可以是妻子，同时还可以是母亲、姑姑、阿姨等角色；基于社会分工不同，每个人都有着自己的职业角色，有可能是教师、医生、军人、营销员、管理者、工人、农民等，这些都是社会角色。

每个人在生活中往往扮演着多种社会角色，这些角色既相互独立，又相互转化。根据社会交往的场合不同，我们可能在不同时段扮演着不同的社会角色。为了使人际沟通更为顺畅，人们往往根据场合及社会角色定位的不同而采用不同的方式来诠释自己的角色。例如：在家庭中，做个孝顺父母的好儿子、爱护子女的好家长；在职场中，做个工作努力、称职、敬业的现代职业人；在朋友圈里，做个率真、随意的休闲派……如果我们不顾场合，打乱了各种角色，把在朋友间的随意休闲的生活角色带到职场中，或把严肃谨慎的职业态度带到温馨的家中，那么生活和工作的质量都要受到很大的影响了，角色的冲突会引起不必要的误会，导致不必要的麻烦和困扰。

认识了角色定位的重要性，辅以外在礼节的学习，我们就能准确地按照角色定位去区分不同场合不同角色的形象，使自己的个人礼仪与相应的社会角色相适应。

（3）文化因素。有学者研究认为，广义的文化指人类在社会历史发展过程中所创造的物质和精神财富的总和，包括物质文化、制度文化和心理文化 3 个方面。狭义的文化指人们普遍的社会习惯，如衣食住行、风俗习惯、生活方式、行为规范等。个人礼仪实际是一个民族长久以来的精神文化积淀在个人身上的反映。

个人礼仪要求人们注重个人修养，注意自己的言谈举止，使自己美好的言行、外表体态与自己内在的精神相协调，做到表里如一，真正体现一个人良好的礼仪修养。个人礼仪与我们的生活息息相关，时刻规范着我们的行为举止；同时，个人礼仪也借助社会文化得以不断发展和延续，并成为人们自觉修正个人行为的一种无形的力量。

3. 个人礼仪的运用原则

有学者将个人礼仪的运用原则归纳为“以美化自己为基点，以尊重他人为目标，以自然适度为要求”。个人礼仪的运用就是社会个体从自我美化出发，使自己的形象更加美好；同时，通过规范自己的言行，表达对交往对象的发自内心的尊重，从而使交往更加流畅。运用个人礼仪进行自我修饰时，要注意自然适度，要符合个人年龄、社会角色及具体交往场合、交往对象等的要求。

【养心阅读】

格 调

汪国真

一种怡人的格调的养成，有赖于一种氛围的熏陶。诸如，读最优秀的书籍，听最美好的音乐，交最出色的朋友等等。

这样的一种氛围不但是美丽的，而且也是重要的。如果已有这样的一种氛围当然很好，如果没有这样的一种氛围，不妨去创造一个出来。

韵味，可以表明一个人的内涵；谈吐，可以显示一个人的修养；格调，可以说明一个人的情操。

为什么要读书呢？为什么要听音乐呢？为什么要跳舞呢？为什么要看画展呢？为什么要旅游呢？就我来说，这些不仅是为了丰富、愉悦生活或广见博闻，也是为了提高自己的格调。

高雅的格调，来自于良好的教育。一个怡人的格调形成的过程，也就是一个学习的过程。

欣 赏

汪国真

欣赏和附庸风雅是截然不同的两回事。

欣赏是一种陶冶，一种提高，一种收获；附庸风雅是一种时髦，一场热闹，一个过场。

一般而言，一个善于欣赏别人的人，必是一个丰富的人；一个被别人欣赏的人，必是一个出色的人。

我们的言谈举止应该自然，而不是有意做出来让别人欣赏，否则将会很容易言不由衷，举止做作。

欣赏，使人在潜移默化中汲取和提高，古人云："能读千赋则善赋，能观千剑则晓剑。"正是。

如果我们想成为出色的人，首先要学会欣赏比自己出色的人。

有一种人，他谁都不欣赏，只欣赏自己，表面上看这似乎是一种清高，实质上这是一种狭隘。

彼此欣赏当然是件好事。彼此不欣赏也无妨，但应该做到不因此而排斥别人。

我欣赏名山大川的气势，我欣赏小桥流水的清幽；我欣赏大漠孤烟的粗犷，我欣赏渔舟唱晚的意境。

在欣赏大自然瑰丽的景色中，我时常感到灵魂的净化和升华。

——节选自《汪国真诗文全集》

二、学生仪容仪表规范

1. 个人清洁

整洁的仪表是个人礼仪的基本要求，我们要注意保持个人面部、口腔、手部及身体的清洁。

（1）面部清洁。每天早晚都要清洗面部，保持面容清洁，没有污垢、汗渍等，特别要注意清洁耳朵、脖子、眼角等部位。如果出汗、流鼻涕等，应用纸巾或手帕擦拭。学生除参加特定的表演等活动外，其他时间都不应化妆。

（2）口腔清洁。保持口腔清洁、口气清新，是人际交往应注意的礼仪细节。每天早晚都应刷牙，清除口腔内的食物残渣与细菌。有条件的餐后可以漱漱口，如需餐后剔牙，应用手或餐巾加以遮掩；与他人交往前应避免吃葱、蒜、韭菜、榴莲等带有强烈异味的食物，避免给人留下不良的印象；应避免在人面前嚼口香糖，特别是不要一边说话，一边嚼口香糖，这是非常失礼的行为。

（3）手部的清洁。人际交往的过程中，会辅以相应的手部动作，而手部的清洁体现出个人良好的卫生习惯，是个人形象的组成部分。应及时清洗双手，注意修剪指甲。作为学生，不应留长指甲。长指甲在运动中容易折断，指甲缝中容易留有污垢。留长指甲既不卫生，也不利于健康。不应涂有色指甲油。涂有色指甲油，过于成人化，与学生朴素大方的形象定位不相协调。在公众场合，不应修剪指甲，摆弄手指等。所有对于个人仪容进行修饰的行为，都应在私人空间内进行，对他人应有所回避。

（4）其他。要勤洗澡，保持身体清洁，没有异味。学生不涂香水，保持自然美；要勤洗头，保持头发清洁，梳理整齐。男子胡须要剃净，鼻毛要剪短，保持个人良好的精神面貌。避免在人面前挖鼻孔，掏耳朵，揪胡须，拔鼻毛等，随时保持端庄的仪态。此外，如患传染性疾病，则不宜参加集体活动，应及时治疗、休息，避免与他人接触而将病菌传染给他人。

2. 适宜的发型

发型要符合角色身份的要求，要体现出整洁、美观、方便生活的基本原则。作为学生，发型要展现出青春向上的精神面貌，应以标准的学生发型为佳，不留怪异发型，不染发，不烫发。

学生标准发型要求：头发清洁、整齐，色泽自然，无染发、烫发等刻意修饰。

男生发型标准：做到“三不过”，即前不过眉（前面的头发不遮挡眉毛），侧不盖耳（侧边的头发不遮盖耳朵），后面在衣领以上两厘米处（后面的发际线在衣领以上 2 厘米处）。由于校服一般为中山装款式和西装款式，故男生不宜留寸头。此外，男生还应避免留中分发型、披肩发等，避免用摩丝、发胶来定型头发。

女生发型标准：留短发的女生，应保持前不过眉（前面的头发不遮挡眉毛），后不及肩（后面短发在肩以上）。留长发的女生，可扎马尾（用与发色相近的发绳或发圈将头发整齐束起，不留碎发）；留长发的女生也可以将头发盘起。职业中学的部分专业，如旅游酒店管理、会展专业等，可以要求女生将长发根据专业特色盘起发髻，发髻要盘得整齐、紧致。

3. 得体的着装

着装应遵循 TPO 原则，即着装要注意与特定的时间（time）、地点（place）、场合（occasion）的要求相搭配。学生按要求统一穿着校服是学生身份的体现，要保持校服整洁，不可随意涂画，不可随意改动校服的原有设计。要整套穿着校服，不可将不同款式的校服混合搭配着装，如应避免制服上装搭配运动裤，短袖运动装校服外面搭配制服外套等，要保持着装整体协调统一。校徽和团徽应佩戴于左胸处，如穿着衬衫时，校徽、团徽应在左胸衣袋上方 1 ~ 2cm 处。一般团徽在上，校徽在下。如果学校配有校卡，应用卡带扣统一佩挂于胸前。此外，还应注意鞋子和衣服的搭配，运动装应配以运动鞋，一般以白色、蓝色等与运动装相协调的颜色为宜，制服装可考虑配黑色皮鞋。

4. 简洁的配饰

在服饰中，装饰用品搭配应以与服装款式、色彩相协调为原则，饰品起点缀、调节、平衡的作用。学生的服饰搭配以简洁大方为宜，切不可喧宾夺主。

学生可以使用的辅助用品一般包括手表、眼镜、书包、围巾、帽子、手套等，这些用品一般也是注重于其功能作用大于修饰作用，具体搭配应与学生服饰使用的具体场合相协调。手表不宜选择过于贵重、豪华的款式。眼镜应基于辅助视力的功能需要来选择佩戴，不宜单纯追逐时尚流行元素而选择佩戴无镜片的眼镜框，以避免过度修饰。除患有眼疾外，进入房间或见到他人时应摘下墨镜。所背书包应选择学生适用的款式。围巾、帽子、手套仅限于户外使用，进入室内时应脱下放好。学生不得佩戴戒指、项链、耳环等首饰，因为首饰的华丽与学生形象应有的朴素大方不相协调，首饰往往蕴涵着不同的寓意，是成年人的装饰，与学生自身的年龄及心理发展不相协调。

未来作为现代职业人走入职业场合后，根据不同职业对职工形象的不同要求，个人仪容仪表规范也将发生相应的变化。一个人的仪表随着年龄、职业、场合的不同而发展变化，是一个不变的规律。

【自我训练】

（1）请结合本课所学，对个人清洁状况进行自查，对不符合要求的项目，当天立即进行纠正，并将自己应长期改进的项目记录下来，应用 30 天训练法进行自我训练，培养良好的卫生习惯。

（2）对照学校的统一着装规定及学生发型规定，自查个人的发型、着装、配饰是否符合规范，找出不符合规范的项目，当天内立即加以改正，并养成每天自查仪容仪表的良好习惯，务求保持个人形象符合学生规范要求。

第二节 学生礼仪行为规范

【思考与辨识】

校园礼仪是传承中华民族文化、弘扬民族精神的重要形式，是校园文化建设中一个不可或缺的重要组成部分，是创建文明校园的有效载体。它对提高师生的文明礼仪水平，树立学校的社会形象，促进社会主义精神文明建设等方面都发挥着积极的作用。

古人常说“不学礼，无以立”，“人无礼而不生，事无礼而不成，国无礼则不宁”。学校生活礼仪是指学校师生、员工之间在校相处时待人接物的礼貌行为及应有的仪表仪态的行为规范要求。学习校园生活礼仪有助于维护学生的形象；有助于学生正确处理人际关系；有助于学生提高自身的综合素质。

教学活动是学校所有工作的核心，也是教师、学生花大部分精力和时间去参与的内容。在课堂上的礼仪是师生关系的基本礼仪。教师准时到教室，学生做好准备，师生互相尊重，共同维护秩序，都是课堂上师生起码的共同礼貌。

请结合自身的亲身体验和日常观察，列举出师生课前的礼仪、学生上课的礼仪，以及学生下课时的礼仪，说说这些礼仪规范和我们具体的行为对我们的校园学习生活所具有的影响，思考校园礼仪规范存在的意义。

【想一想】

1. 校园生活中我们受到哪些秩序的保护？
2. 我们自己是否自觉遵守制度与规范？为什么？

一、建立规则意识

规则意识，是指发自内心的，以规则为自己行动准绳的意识。规则意识是现代社会每个公民都应具备的一种意识。

有人说：毫无约束的自由会导致野蛮和犯罪。任何社会都需要一些约束。没有规则、传统和关于行为规范的共识，任何共同体都无法存在。无论是社会、家庭、学校，还是企事业单位，都是一个又一个共同体，为实现共同的目标，人们借助制度与规范，建立团体运行的秩序。最完美的状态是，管理制度与行为规范的执行，都不出于勉强。正如康德所阐释的：道德规律不能直接规定人的每一种行为，人之所以遵循道德规律是一个有意识的过程，而只有有意识地尊重道德规律的行为，才具有价值。只有理解了制度与规范存在的本质意义，从内心深处形成了认同，达成了共识，才能真正体会到秩序之美。

军人在战斗中反应迅速，战术应用非常灵活，一般不可能集队站成方阵后才来作战。那么，为什么中西方军事训练中都把队列训练作为初学者的基本功训练？要求在5分钟以内集合，反应必须迅速，到位要快，队列要整齐，报数要准确……而且，队列训练成了新兵入伍后每天的必修课。其实，队列训练的一个主要目的就是训练服从意识，个人要服从于整体，要加强自律性，提高合作性。

任何一项规定都有它相应的理由，在我们还没有弄清楚具体规定的意义之前，不要盲目地否定、排斥它。团队合作、团队创新等都要以服从为前提，没有服从，团队就没有了行动力。

【案例分析】

规范皆有因

小李是一家酒店的员工，最近酒店请了一个专业顾问，为企业设计了一套标准化服务流程，并制成一套服务手册。手册发下来后，小李觉得很多规矩简直莫名其妙，认为对提高服务质量没有实际意义：“只要服务热情、周到、细心、主动，让顾客觉得宾至如归不就行了吗？”

但是，在经过该专业顾问的培训讲解后，小李才发现原来手册里的标准都有原因。比如，在服务过程中之所以递物品时不能用左手，是因为在一些国家（尤其是伊斯兰国家），人们认为左手不干净，用左手递物品会被认为不尊重他人。使用抹布时之所以要折叠起来，是因为这样可以保证每次擦拭用的都是干净的抹面。之所以厨师不能穿拖鞋进厨房，是因为他需要与开水、热油打交道，万一在地面打滑，人会很危险，等等。

如果服从的观念不能深入到个人的心中，每个人都按照自己的意愿行事，那么团体的发展必然会陷入失控的局面，个人也会因此而面临许多危险与困扰，同时也对团队的其他成员造成负面的影响。

【想一想】

规范存在的意义是什么？试说明每一条学生行为规范存在的原因。

二、校园常规与仪式礼仪规范

开车的人都喜欢在高速公路上驰骋，因为那里没有太多红绿灯，可以自由快速飞驰，但不可否认的是，这正体现了秩序带来自由这个事实。高速公路上有栅栏，你不可以逾越；高速公路上有专门的超车道；高速公路会限制最低速和最高速，等等。正是一系列的限制，保证了高速公路上的自由，促使你更快地到达目的地。

和谐的校园生活，有效的课堂学习，也同样需要制度、规范的保障。下面就以日常校园生活中一日常规和每周仪式为例，列举学生礼仪行为规范。

学生礼仪规范

1. 到校礼仪

(1) 按时到校，不迟到，不早退，见到老师、同学礼貌微笑、热情问好。

(2) 统一穿着校服，头发干净整齐，不烫发，不染发，不化妆，不佩戴首饰，穿着打扮符合学生身份。

(3) 服从值日师生的管理，态度诚恳。

(4) 骑自行车经校门要下车，不在校道上骑车，自行车应按指定位置整齐摆放。

2. 上课礼仪

(1) 预备铃响后，迅速坐好，保持安静，并准备好学习用品。

(2) 上、下课时，全班起立向老师行礼问好。具体步骤：正式上课铃响后，班长发令“起立”，全体学生立即端正站立（有条件的，应站立在行距中间，前后对正，起立时要避免桌椅发出很大的响声），向老师齐声问候“老师好”，待老师回礼后，再坐下。

(3) 上课专心听讲，坐姿端正，不做与上课无关的事。

(4) 发言先举手，发言完毕获老师允许方可就座。

(5) 其他同学发言时，应认真聆听。有不同意见时，应待发言者发言完毕，自己先行举手，获得老师允许后，才可以发表自己的观点。利用课堂讨论、答疑的机会相互学习，取长补短。

(6) 自习课上要保持安静，安排好自己当堂课的学习内容，务求提高自习效率，不随意走动，不与他人交谈，不影响他人学习。如果遇到不懂的问题，最好能记录下来，自习课后再向其他同学请教。

3. 做操礼仪

（1）按时认真做广播操和眼保健操，做操动作要标准，合乎节拍。

（2）广播操集队，要做到快、静、齐，不戴帽子、手套及围巾等。

4. 课间礼仪

（1）下课后，值日生负责擦好黑板并开窗通风，做好课室地面保洁工作，其他同学应离开座位，远眺或做适量活动，与同学交流一下，调节一下情绪。

（2）不应在教室、走廊、操场追逐打闹，以免发生意外伤害。

（3）不应利用课间时间去校内小卖部购买物品，以免下节课迟到。

（4）未经班主任和校学生管理部门的同意不得离校外出。

5. 放学后礼仪

（1）积极参加各项课外活动，自觉锻炼身体。借用体育器材后要按时归还。

（2）值日生要认真打扫教室、走廊，确保清洁卫生，离开教室时要关好电器和门窗。

（3）离校后，要遵守交通规则，服从交通管理，注意交通安全；在公共场所遵守公共秩序，注意公共卫生。

6. 升旗仪式和集会礼仪

（1）参加升旗仪式时，仪容仪表要符合学生规范，保持仪态庄重，脱帽肃立。当国歌响起时，要面向国旗行注目礼；如升旗时还未走入队列，必须原地面向国旗肃立，行注目礼，待礼毕后，方可自由走动。

（2）参加集会时要准时入场，保持肃静，在指定位置就座或站立。上台发言时，应先向主席台行礼，后向听众行礼，然后开始发言。发言完毕后，先向听众行礼，后向主席台行礼，再退场。集会结束离场时，要按秩序离场，不在场内留下杂物，不拥挤，走在前列的学生应自觉快步行进，后面的同学应以适中的步速跟好队列，避免拥挤踩踏。

（3）观看演出比赛等，应提前入场，对号入座；观看期间要避免随意走动，以免影响他人；要适时鼓掌，不喝倒彩；演出或比赛结束后，待主持人宣布活动结束后方可退场。

图 2-1 国旗队员飒爽英姿

图 2-2 升旗仪式庄重仪态

【自我训练】

结合本课所学，对照自己平日校园生活中的行为状况，标出自己做得不足的项目，分析原因，理解规范的意义，并切实加强自律，加以改进。

三、校内人际交往礼仪

1. 师生交往

基于一致的目标，教师与学生要在学校这个教育场所里相遇、相识、相处，共度一段人生历程。师生交往客观上会在师生彼此的心路历程上留下一定的印象，有的甚至是终生难忘的印象，并起到深刻长远的影响。

教师对学生的指导和帮助不止于传统意义上的传道、授业、解惑，教师同时也和学生一起创造着校园生活经历，并在这个共创的经历中开启学生的心智，濡染学生的性情，带领学生走向成长、成熟。教师对学生的爱是无私的，他们毫无保留地将自己拥有的知识与经验贡献出来，与学生分享，启迪学生的智慧。教师对学生的付出是不求回报的，许多老师在工作上的最大心愿就是看到学生能够成长、成才，能够拥有充实、幸福、有意义的人生。教师对学生的爱又是理性的，他们严格地要求学生，不轻易放弃原则，不纵容、溺爱学生，在对学生的管理上他们往往是行为底线的坚守者，不允许学生轻易地对自己的弱点妥协。在师生交往中，学生往往是终生受益者。在良好的师生关系中，师生之间可以充分理解对方，共同珍惜共度的校园生活经历，默契的配合会给师生双方都留下深刻美好的印象，在这个过程中，彼此的心灵也更加丰盈了。彼此尊重、彼此信任、相互理解、相互包容，是师生相处之道。

与老师交往中应注意的礼仪规范：

（1）学生要尊敬老师，见面要面带笑容礼貌地向老师问好。向老师问好时，学生应注视老师，面带微笑，语气、语调应真诚友好；路遇多位老师时，可以说“老师们好”，这样既简洁又避免因遗漏而失礼。

（2）学生在楼梯口或较窄的通道上遇到老师时，应站定，请老师先通行；如果学生和老师一起外出，乘车时应礼让老师，请老师先上车，如有空位，应礼让老师先入座。

（3）上课时，学生应认真听课，积极参与课堂学习活动，尊重老师的劳动。课堂教学是校园生活中师生共同参与完成的一项最主要的任务。为了充分发挥每一节课的效用，使学生通过课堂学习获取相应的知识、技能，提高学生的能力，老师们精心备课，布置前置作业，引导学生进行相关知识的预习；组织课堂教学，帮助学生掌握知识要点与重点，反复辅导演练直至学生能够应用所学为止，这个过程中倾注了老师巨大的心力。作为学生，应该珍惜自己的学习机会，珍惜课堂学习的时间，以饱满的精神投入到每节课的学习中，认真聆听老师的讲解，积极思考，以探索精神去发现和解决学习中所遇到的问题，对老师的辛勤劳动报以由衷的尊重。

（4）课后，应独立完成作业，自觉复习功课并展开相应的自学。为了检查学生的学习效果，巩固所学的知识，老师往往在课后布置相应的书面作业或实训作业。作业是助学的工具，是学生进行自我训练的辅助途径，从作业的设计到作业的批改、检验，都凝结了老师的许多心血。学生应该认真对待作业，不应把作业看做学习负担，而应该按时、按质、按量、认真地、独立地完成作业；遇到不会的地方，先求助于自己，翻查课堂笔记与课本内容，尝试独立思考，寻求解决问题的思路与方法，对反复思考后确实还不能解决的问题，再去向同学请教。请教时应注重掌握解题的思路与方法，不要试图不劳而获。对老师批改好的作业，要认真阅读，把错误的地方逐一更正过来。当老师检验实训作业时，要留心老师的点评与示范，注意自己的不足，加以改正。课堂学习是接收与交流知识、经验的汇聚点，课后复习是不可忽略的自我学习的延长线，正是这条线把无数个交汇知识与经验的点串起来，才形成了我们求学上进的道路。学生课后认真地练习、复习，也是对老师付出的劳动的一种尊重。

（5）与老师谈话要谦恭有礼，态度诚恳。师生之间的谈话交流是促进彼此了解，加深彼此理解的一个途径。当老师站着和学生谈话时，学生应立即站起来，恭敬地端立，聆听老师的话，并适时予以回应。如果老师坐着，学生应保持站立姿势，只有当老师请学生坐下时，方可以坐下来与老师谈话。对谈过程中，应友善地注视老师，说话态度应诚恳、谦恭。如果是进入老师办公室交谈，进门前应先敲门，喊报告，经老师同意方可进门；与老师交谈时，应注意声音要轻，避免影响其他老师办公；离开时要先向老师告辞，待老师允许后，方可离开，且出门时一般应随手关门；与老师谈话应选好时间，尽量避免在午休时段去老师办公室找老师，以免影响老师休息。

在获得老师的鼓励、表扬时，不要沾沾自喜，忘乎所以。面对老师提出的批评时，要客观地反思自己的行为，虚心接受老师的批评与指导，理解老师的严格要求与批评教育并不是对学生抱有成见，而是期望学生能正视问题，认真改正错误。即使老师的批评与事实确有出入，也不要顶撞老师，以免激化矛盾，而应待老师说完话后，礼貌地向老师说明情况，或视具体情况，在事后寻找适当的场合与时间，向老师说明，争取老师的理解与谅解。师生沟通中，难免会产生误会，无论是哪一方被误会了，都应该先从自己身上找原因，误会的产生必定有一些原因，可能这些原因正是被误会的一方日常的语言、行为表达失当所导致的，所以先别急着喊冤枉，不要愤愤不平。更不应该在课后发泄对老师的不满情绪，口出无理的言辞，或对老师指指点点、品头论足，这样做会严重损害学生自身的形象，是非常失礼的表现。

2. 同学交往

世界这么大，同学们能相聚在同一所学校、同一个年级、同一个班级里，在两三年时间里，共同进出同一个校门，甚至同一个班级，共同开展学习，这样的相遇的确是一种偶然。然而，同学是在校学习的伙伴，特别是同班同学之间的交往，往往会形成一种班级的氛围，对置身其中的每个学生都会产生一定的影响，这又形成了一种必然。真诚友爱、互助上进的班级氛围，对班上每个同学的学习和心智成长都会起促进作用；而消极的氛围、涣散的团队，则会令人生厌，提不起热情。在这偶然与必然之间，正是学生自身的选择以及同学交往中相互的作用在谱写着学生的校园生活记忆。这一段记忆将成为学生人生成长的一部分，它的影响将不止于校园生活的短短几年时间，应该引起足够的重视。以诚待人、彼此尊重、彼此包容、互相帮助，是同学间相处之道。如图 2-3 所示。

图 2-3　和谐相处　快乐成长

与同学交往中应注意的礼仪规范：

（1）热情待人，同学间见面要面带笑容，相互问好。见面问好时，应注视同学，面带微笑，语气、语调应真诚亲切。热情的问候往往表达了对他人的接纳，是愿意建立友好关系的标志。

（2）要尊重同学的心理空间，言谈举止应适度。同学间亲密友好的相处，日渐熟络，容易忽视人际边界，有时一个过火的玩笑，也可能伤害他人的自尊心。同学间的友谊需要在相互尊重、相互帮助、相互友爱、相互体谅的基础上彼此共同去维护，亲密也应有间，谈吐举止要有分寸，交往要得体适度，谨记“己所不欲，勿施于人”的原则。

此外，还应尊重同学的隐私，不可以私自翻看同学的日记和信件，不可将相关内容公布于众；对于同学的家事，其本人不想谈及的，也不应追问、打听；不可以私自挪动同学书桌上的书本和个人用品，确需借用时，应先征得物主同意。

不应给同学起绰号或嘲笑同学的缺点，不可以借以侮辱、讽刺同学，以免为他人带来心灵的创伤。如其他同学有类似不良行为，应予以制止。

（3）要互相帮助、善于发掘他人的优点，善于向他人学习。要明白同学间的关系，本质上应是共同求学、取长补短的互助关系。校园生活既为学生求学提供平台，又为学生在相处中学会包容和学会合作提供机会。校园生活实际上为拓展学生视野，开阔学生胸襟，提供了丰富的资源。学生在与同学相处的过程中，要学会接纳与自己有不同见解、不同性格、不同生活习惯和处事方式的同龄人；要善于在他们的身上发现优点，学会欣赏他人，虚心向他人学习；对生活上、学习上有困难的同学，要给予热情的帮助；不歧视学习成绩落后或行为表现有偏差的同学，给予他们真诚的帮助与鼓励，带动他们共同进步。

（4）要相互礼让，共同创造有序的校园生活环境。心里要时刻装着他人的需要，要意识到参加校园学习生活，不是一个人独处，而是过集体生活，时时处处都要注意自己的言行，以不给他人正常的学习生活带来困扰为行为的底线。

上课自觉遵守纪律，注意提高自身的学习效率，同时不影响他人的课堂学习；自习课或在阅览室看书，都应保持肃静，不随意打断同学的思路；自觉做好自己学习区间的清洁卫生，为自己和他人营造良好的生活环境；去食堂用餐，自觉排队，是尊重他人的表现；在校园人行道和楼道上行走，随时礼让他人，不推不抢，体现自己内心中对他人的善意……老同学应热情帮助新同学，男同学应礼让女同学，彼此友爱，才能拥有和谐的同学关系。

【自我训练】

(1) 结合本课所学，对照自己平日校园生活中与老师、同学相处的状况，标出自己做得不足的项目，分析原因并加以改进。

(2) 以“共创美好的校园生活经历”为题，召开一次班会，由班委组织全班同学参与讨论，说说班级为什么而存在，以建立共同的班级愿景（奋斗目标）。说说大家所喜欢的班级氛围和学习风气是怎样的；每个同学都结合“我的责任”，说说如何共创美好的校园生活经历。

第三节 学生仪态礼仪

【情景模拟】

日常生活中，站、坐、走的姿态体现出一个人的精神面貌，良好的仪态同时也展现出对他人的尊重。以小组为单位开展情景模拟，由同学们自己担任“形象观察员”“形象体验员”，模拟校园生活中各种情景，注意对站姿、坐姿、走姿做出评价。

情景 1 模拟早操集队的情景，注意对同学的站姿做出评价。

情景 2 模拟上课的情景，注意对同学的坐姿做出评价。

情景 3 模拟去老师办公室向老师请教，注意对同学的走姿、站姿做出评价。

综合模拟：请模拟不良的站姿、坐姿、走姿，并评述这些姿态给人们留下什么样的印象，体会仪态礼仪在人际交往中的重要性。

仪态美包括人体姿势、动作之美，是静态美和动态美的结合。人的基本姿态主要体现在站、坐、行、卧等方面。古人把这些姿态美的形容比喻为“立如松”“坐如钟”“行如风”“卧如弓”。站立体现挺拔俊美，坐姿体现稳重大方，行走体现轻盈协调，睡卧体现自然放松。姿态美体现出的是一个人的自然大方，灵活而不轻浮，端庄而不做作的状态。

一、站姿

良好的站姿能体现出一个人的自信、优雅的气质与风度，给人留下稳重、端庄的印象，是一个人内在精神的外在体现。站姿的基本要求是：抬头，挺胸，平肩，垂臂，收腹，紧臀，直立。

1. 基本站姿（立正）要求

（1）头颈：抬头，双目平视，头正，颈直，下颌微收，口微闭，表情自然。

（2）肩背：双肩放松，自然下垂，同时微微向后扩，使身姿显得挺拔。要注意双肩避免内扣，不要出现凹胸、弓背的姿态；同时不要端肩、耸肩。

（3）手臂：双臂垂于体侧，掌心指向体侧，手指自然并拢，中指贴于裤缝。

（4）腹腰：收腹、立腰，使后腰有向上提的感觉。

（5）臀部：臀部收紧，臀大肌微微收缩并上提。

（6）腿部：双腿直立，双膝并拢，双脚后跟靠拢并齐，两脚尖向外分开约 60°，或双脚并拢，向前对正。

（7）重心：身体重心落于两脚正中（脚掌、足弓位置上）。

（8）侧观：从侧面看，头部、肩部、上体、下肢均在一条直线上。

标准站姿参见图 2-4。

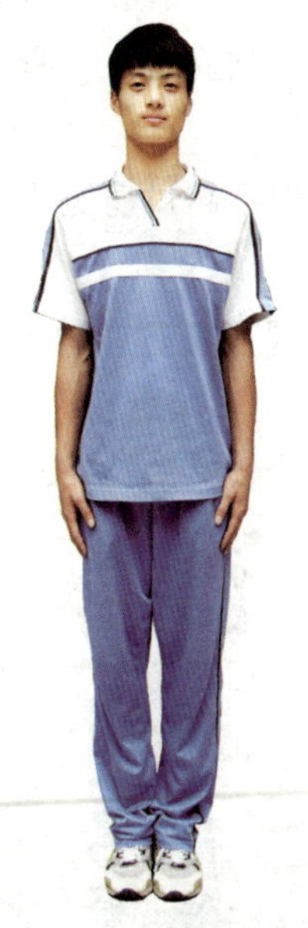

图 2-4　标准站姿

2. 服务行业常用站姿

服务行业站姿以基本站姿为基础，根据具体情境适度地变换姿态，以期适应具体服务需要，追求动态美。站姿训练的同时，要注意结合微笑的表情，体现服务人员的亲切热情。

（1）前腹式站立：前腹式站姿是服务行业男女士通用站姿（参见图 2-5）。

图 2-5　前腹式站姿

两手在腹前交叉，右手搭在左手手指上，身体直立。

女士站成小丁字步，或双脚呈“V”字形，两脚最好右脚前而左脚后，右脚脚跟轻靠左脚足弓，将重心集中于左脚，站立若久，身体重心可以在双脚间悄悄转换，以减轻疲劳。

男士两腿可以分开，两脚距离以不超过肩宽为宜，身体重心放在两脚上，腰背挺直，注意不要挺腹后仰。

（2）背手式站立：背手式站姿是服务行业男士常用站姿（参见图 2-6）。

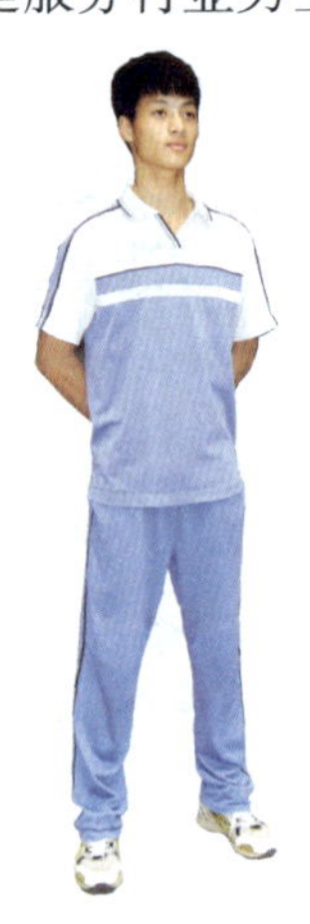

图 2-6　背手式站姿

双手在身后交叉，右手手背贴于左手掌心，贴在两臀中间偏上靠腰部的位置，两脚可分可并。分开时，两脚间距离不超过肩宽；并立时，两脚跟并拢，两脚尖展开60°左右，收腹，收颌，双目平视。两脚分立时，站姿略显威严，容易产生距离感，保卫人员和门童常采用此姿势；两脚并立时，亲和力较强，突出对客人的尊重，其他岗位亦较多采用。

3. 避免不良站姿

优雅的站姿是无声的语言，向他人展示着个人良好的修养与素质，给他人留下值得信赖、亲切友善的良好印象。不良的站姿则会传递出许多负面的信息，有损个人形象，当加以避免。不良站姿列举如下。

（1）抱肘或叉腰站立：隐含着拒绝、不合作的意思（参见图2-7和图2-8）。

（2）插袋站立：显得过于随意，给人以懈怠、漫不经心的感觉（参见图2-9）。

（3）倚靠站立：切忌东倒西歪，倚靠在墙上或桌子上，给人以懒散的印象。

（4）站立时伴有小动作：站立时如伴有抠手等小动作，则给人留下不成熟的印象。此外，低头、歪脖、端肩、含胸、驼背，双腿交叉站立或双脚开立距离过大，以及挺腹翘臀等站姿均为不雅站姿，应当避免。

图2-7　抱肘站立

图2-8　叉腰站立

图2-9　插袋站立

【自我训练】

1. 背靠墙练习

这是一种训练后身体态的训练方式，对纠正习惯性驼背有一定的帮助。具体方法是将后脑、双肩、臀部、小腿肚及后脚跟与墙壁靠紧，每次坚持20分钟。

2. 对镜子练习

这是一种同时提升自身观察力与纠错能力的体态训练方式。具体方法是每天预留出 5~10 分钟时间，面对镜子，检查自己的站姿（注意至少保持站立 5~10 分钟），检查自己的整体形象，发现问题，及时纠正（见表 2-1）。

表 2-1　体态训练评价表

项目	对镜自评	同学互评	跟进练习自评	跟进练习互评
头正，表情自然				
双肩放平				
腰背挺直				
手位正确				
双腿并拢				
评价等级				
综合评定				

二、坐姿

文雅的坐姿给人以稳重、大方的印象。坐姿的基本要求是入座离座轻稳，腰背挺直，肩部放松，双目平视，双手得体摆放。

1. 基本坐姿要求

（1）入座要轻稳。走到座位前，先目测座椅与桌子的距离，做必要的调整。正式场合从座位的左侧轻稳落座，离座时也从左侧离座。女士若穿裙装，则应该将后面的裙幅向前拢一下以避免皱褶。坐在椅子上时，应坐满 2/3，宽座沙发则应坐满 1/2，落座后 10 分钟左右不要靠椅背，时间久了，可轻靠椅背。

（2）头部姿态。头要正，颈要直，嘴唇微闭，下颌微收，双目平视，表情平和。

（3）身体姿态。入座时腰背要挺直，入座后要保持端正坐姿。双肩平正放松，双臂自然垂放，双手可放在腿上（可采用双手平放在双膝上或双手叠放在一条腿的中前部的姿势），亦可将双手叠放在椅子或沙发的一侧扶手上，掌心向下，保持自然姿态。双膝自然并拢，一般双腿正放，双脚并拢。男士两膝间可分开一拳左右的距离，双腿可呈小八字步，显得洒脱，但不可以伸开腿脚，显得粗俗无礼。女士穿裙装时，可以两脚交叠而坐，并注意将悬空的小腿向回收，将脚尖屈向下，显得大方得体（标准坐姿参见图 2-10~图 2-12）。

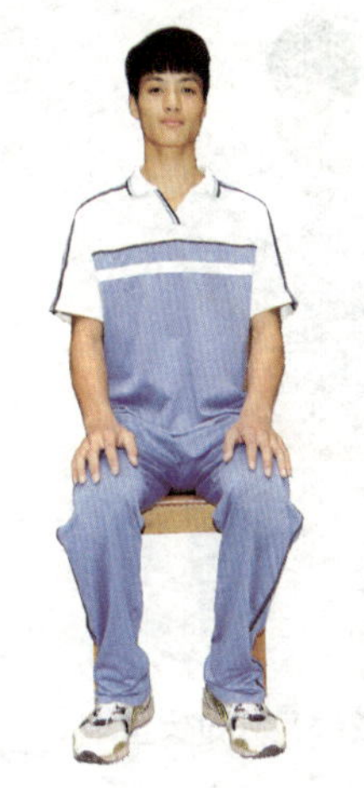
图 2-10　标准坐姿（一）

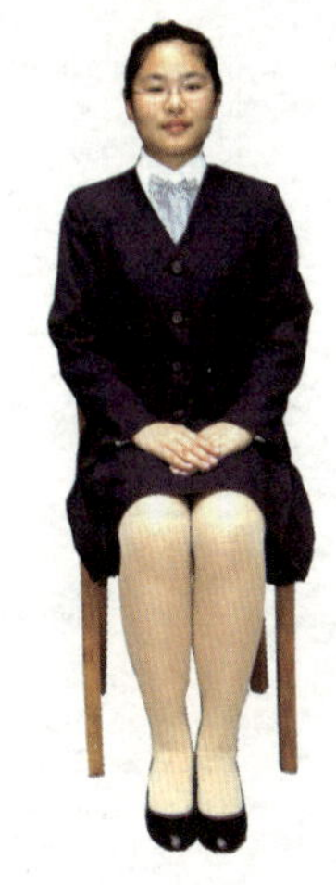
图 2-11　标准坐姿（二）

图 2-12　标准坐姿（三）

2. 避免不良坐姿

不良坐姿给人以漫不经心、懒散、轻浮、缺乏教养等不良印象，应加以避免。

（1）高架“二郎腿”或“‘4’字腿”，给人以张狂的感觉（参见图 2-13）。

（2）抱着腿坐，则显得很孩子气（参见图 2-14）。

（3）以手支着下巴，则显得一副漫不经心的样子（参见图 2-15）。

（4）双腿过于叉开或双腿长长地伸出，给人以懒散的感觉（参见图 2-16）。

（5）双手抱腿坐本是放松休息的姿势，但不适于学校、职场等正式场合。

此外，还应注意避免入座后抖动腿脚，将双手夹在两腿中间，把脚架在椅子或茶几上等不雅坐姿。

图 2-13　“‘4’字腿”坐姿

图 2-14　抱腿坐姿

图 2-15　手托下巴坐姿

图 2-16　双腿叉开过大坐姿

【知识拓展】

坐姿与心态

通过一个人的坐姿，结合他的生理因素、心理因素、社交因素等，可以了解他的心理状态。

⊙张腿坐与并腿坐

男子张开双腿坐，表示个性奔放坦率，较自信，有一定的支配欲。女性张开腿坐，则是不雅观的，无论何时、何地、任何情况下都不可以采用这种坐姿。

男子并腿坐，表示严肃和认真。女子采用这种坐姿表现出端庄和郑重。

⊙猛坐与轻坐

人在落座时，不同的心境、不同的个性，其动作的大小、快慢、轻重各不相同。一般地说，同自己熟悉要好的亲友会面时，性格开朗的人，落座时动作幅度会较大，速度较快；同初次交往的人相会或会见尊长时，个性文静的人落座时动作较小，较轻缓；大喜大怒时，性格强悍的人、不拘小节的人落座时动作大而猛；悲怨沉思时，性格谨慎的人落座时动作小而迟缓。

⊙深坐与浅坐

与人交谈时，坐得靠后（深）或坐得靠前（浅），可以反映不同的心理状态和待人态度。深坐，表现出动作者非常自信，有一定的心理优势；浅坐，表现出动作者的谦虚态度和对面前的人的尊重；过分浅坐，则显自卑和献媚。

——摘自《你的礼仪价值百万——职场修炼篇》

【自我训练】

（1）两人一组，面对面按照标准坐姿要求进行训练，并指出对方的不足。

（2）坐在镜子前面，按照坐姿要求进行自我训练和纠正，每次练习20分钟（见表2-2）。

表2-2　坐姿训练评价表

项目	对镜自评	同学互评	跟进练习自评	跟进练习互评
调整座椅，轻稳入座				
头正，表情自然				
腰背挺直，手脚位正确				
离座轻稳				
评价等级				
综合评定				

三、走姿

走姿可以透露出一个人的性格、年龄乃至内心世界。优雅的走姿可以传递给他人积极的情绪信号。

1. 标准的走姿

头放正，双目平视，下颌微收，表情自然；两肩平稳，不要上下前后摇摆，双臂自然摆动，前后摆幅30°~40°，两手自然弯曲；起步时身体稍稍前倾，重心落于前脚掌，膝盖伸直；行走中两脚间距约为一脚长；行进速度应均匀、平衡，不要忽快忽慢（参见图2-17）。

2. 变向行走的规范

（1）侧身步：引导来宾时，应走在宾客的左前方，整个身体半转向宾客方向，左肩稍前，右肩稍后，与宾客保持两三步的距离。遇到上下楼梯、拐弯、进门时，要伸出左手示意，提示宾客先行。当走在较窄的通道中而与人相遇时，也应采用侧身步，不可将背转向他人。此外，站立指引方向时可以采用正身姿势，用右手指示（参见图2-18）。

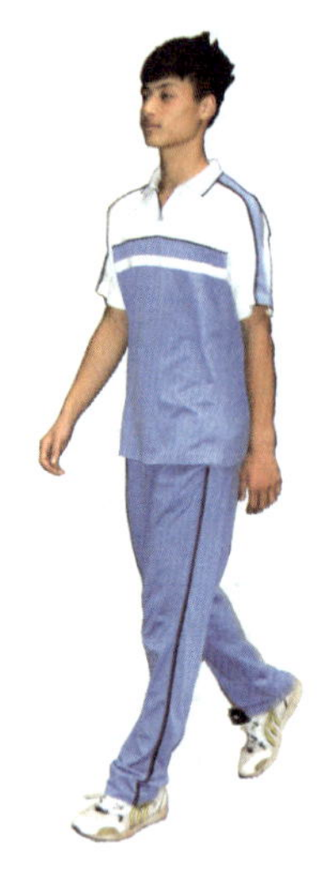

图 2-17 标准走姿

图 2-18 指引方向

（2）后退步：与人告辞时，不应扭头就走，应先向后退 3 步，再转身离去。退步时不应高抬小腿，且后退步幅要小。转身时，要先转身体，稍后再转头。

3. 特定情形下的走姿

（1）穿着不同服装时，应选择不同的走路方式。

穿着不同服装时，应选择不同的走路方式，以体现服装的特点，符合相应的形象要求。①穿西装时的走姿。西装以直线条为主，行走姿势应体现挺拔的身姿和优雅的风度。穿西装行走时，后背要挺直，步幅可以略大些。行走时，男士不要晃动，不要把手插入裤袋中，女士不要左右摆胯。②穿旗袍时的走姿。穿旗袍行走时，不塌腰翘臀，步幅不要过大。两脚后跟要走在一条直线上，脚尖略微外开，两臂自然在体侧摆动，摆动幅度也不宜过大。站立时双手可以交叉于腹前。③穿裙装时的走姿。穿长裙时可以体现女性的飘逸美，行走时要平稳，步幅可以稍大一点儿。穿短裙时体现敏捷、活泼的风度，步幅不宜过大，但步子可以稍快点，保持轻盈的风格。④穿高跟鞋时的走姿。女士在正式场合经常要穿黑色高跟鞋，穿高跟鞋行走时，要注意保持身体平衡，行走步幅不要过大。

（2）不同场合中根据人们的不同需要，走姿也有所不同。

在室内行走时要轻稳，在公园散步则要轻缓，在阅览室走动要轻柔，在婚礼等喜庆场合中行走步伐要轻快，而在丧礼等哀伤的场合中步伐则要沉缓。要因时、因事、因人、因地来确定具体的行走方式。①室内行走的姿态。室内行走时，步伐要稳重，迈步要轻，视线可以稍稍向下。注意不要穿带钉的鞋，以免发出不雅的响声；不要奔跑，否则会显得慌张，容易给人带来不安全感。在走廊上行走时，应注意靠右侧通行。②室外行走的姿态。行人间应相互礼让，人多拥挤时，年轻人应谦让长者，男士应谦让女士。在室外行走时要注意形象，不要勾肩搭背。遇道路泥泞时，应将步幅收小，放慢速度。

4. 不良的走姿

不良的走姿包括：

（1）双手插裤袋、双手背后或双手抱胸的走姿。

（2）行走中勾肩搭背或在有限的空间里多人并行。

（3）方向不定，忽左忽右，频繁变换方向，给后面的行人带来不便。

（4）低头自顾自行走或在行走中左顾右盼。

此外，在行走中还应注意避免内外“八字脚”，避免出现晃肩、扭臀等不雅姿态。

【知识拓展】

标准蹲姿

在日常生活中，人们一般习惯于弯腰捡起地上掉落的东西；而在职场中，随意弯腰的姿势是不合适的。即使在下蹲这样的小动作上，也要注意礼仪细节。

若用右手捡东西，可以先走到东西的左边，右脚向后退半步后下蹲。注意头、胸、膝关节在一个角度上，两腿合力支撑身体，避免滑倒。女士应将腿靠紧，臀部向下，并注意不要露出内衣。男士两腿间可留有适当的缝隙。

【自我训练】

（1）摆臂训练

身体直立，以肩为轴，双臂前后摆动。摆动幅度要适度，纠正晃肩的不良习惯。

（2）步幅训练

行走时检查自己的步幅大小，可在地上画线或采用瓷砖地作参照衡量步幅大小，加以调整；同时，注意纠正“内八字”和“外八字”的不良习惯。

（3）两人一组，面对面按照标准走姿要求进行训练，并指出对方的不足。

（4）在镜子前面，按照走姿要求进行自我训练和纠正不良姿势，每次练习20分钟（见表2-3）

表2-3　走姿训练评价表

项目	对镜自评	同学互评	跟进练习自评	跟进练习互评
头正，表情自然				
双肩平稳，摆臂适中				
上身挺直，步幅适中				
评价等级				
综合评定				

第四节　体态语言

【情景模拟】

以小组为单位进行情景模拟演示，观察并体验表情、视线、手势动作等在人际交往中的作用。

情景1　同学在校运会上获得了金牌，你向他表示由衷的祝贺。

情景2　今天是学校的家长开放日，你作为礼宾员引领家长到实训楼进行参观。

情景3　参加求职面试，请你向面试考官递上求职简历并作简短自我介绍。

体态语言具有形象性，以生动直观的形象告诉别人所要表达的意思。形体动作使人们的交往更富有表达性和渲染性。体态语言也有既定的规律，形体被赋予了他人能够理解的意思，比如“摇头不算，点头算”，在许多国家是通用的。体态语言本身不是表达的主要手段，但却起着非常重要的作用，能使表达更充分、更具感染力。

一、表情与视线

在人际交往中，表情可以反映人们的思想、感情和心理活动。

美国心理学家艾伯特·梅拉比安，通过实验在人的感情表达效果上总结出一个公式：

感情的表达=语言（7%）+声音（38%）+表情（55%）

可见表情在人际交往中起了重要的作用。

1. 目光与视线

人际交往中，信息的交流往往以目光为交流的起点。交流过程中，人们不断使用目光来表达自己的意愿、情绪；同时，人们还不断观察对方的目光变化，以了解对方的心理反应。在交往结束时，也往往是用目光来作为交往的圆满结尾。

不同场合中目光的运用有所不同，如见面时，无论是见到熟悉的朋友，还是初次相识的人，都应以有神的目光正视对方片刻，面带微笑，表达喜悦的心情。在集体场合发表演讲时，可以用目光扫视全场，表示“演讲就要开始了”。

与人交谈时，应不断通过各种目光与对方交流，调整谈话的气氛。交谈中双方应保持目光接触，以表示对谈论的话题感兴趣，相互间视线接触通常占交往时间的30%~60%，一般连续注视对方的时间在1~2秒钟；若长时间回避对方的目光，左顾右盼，则流露出对话题不感兴趣；对方谈兴正浓时，切勿看手表，否则对方会认为你对话题不感兴趣。谈话中也不能紧紧地盯视对方，这样会使对方感到尴尬，对方还会认为你是在窥视他内心中的隐秘，感到你不信任或是在审视他，或向他表示抗议。目光还应随着话题内容的变换而有所变化。若是在谈判和辩论时，就不要轻易将目光从对方身上移开，应直逼视到对方目光转移为止。交谈和会见结束时，目光要抬起，表示谈话结束；道别时，用目光注视对方的双眼，面部流露惜别的表情。

双方直接面对面交谈时，视线的高度和位置应因交往的具体对象、场合有所不同。

（1）社交视线：社交视线的位置是以双眼为上底线，到唇部中央，构成一个倒等边三角形。它适用于师生之间、同学之间、同事之间的友好交往，以及各种联谊会、茶话会、座谈会等社交场合。这种视线的特点是亲切友好，使气氛和谐融洽，让人感到平等舒服。

（2）公事视线：公事视线的位置是以双眼为下底线，到前额中部，构成一个等边三角形。它适用于谈判、磋商、洽谈等场合。这种视线的特点是给人以严肃、郑重、诚恳的心态，理性、原则性强的感觉。作为普通职员，跟上司交流时，应看着上司的这个三角区域。

（3）亲密视线：亲密视线的位置是以双眼为上线，延至锁骨或胸部。它适用于恋人、家庭成员或挚友间，这种视线的特点是热烈亲切，将那种真挚的关爱或热爱传递给对方。

无论使用那种视线，都应注意不可将视线长时间固定在一个位置上，应注意把握分寸，适度调节，营造良好的沟通气氛。

2. 微笑

微笑是人际交往中的通行证，面带真诚微笑的人，人见人爱。让我们站在镜子前面做个实验，看看你是板着面孔漂亮，还是微笑的样子漂亮。有人说面孔是凝固的表情，一个经常微笑的人，久而久之，会有一张善良、温和的面孔；一个时常发愁、发怒的面孔，时间长了就有一张令人生厌的脸。

微笑可以表现出亲切感，给人带来温馨的感觉，能有效地缩短沟通双方的心理距离，形成融洽和谐的交往氛围。微笑应是发自内心且自然大方的，一般是不露牙齿，嘴角两端略略提起的笑，如图 2-19 所示。

图 2-19　微笑由心

笑不但要保持自然坦诚的风度，更要注意保持适度。在公共场所中，既不要放声大笑，或笑得前仰后合，也不要看着他人没头没脑地笑，或与人偷偷地嬉笑，这样是很失礼的。

【知识拓展】

不同程度的笑

含笑，是最浅的笑，不出声，不露齿，仅仅面含笑意，表示对他人的友善和接纳。日常生活中，人们常常面含笑意，体现自己悦纳他人的心态。

微笑，程度上较含笑为深，有明显的面部表情变化：唇向上移动，嘴角微微提起，是一种怡然自得、知心会意的表情，表示友好。微笑在人际交往中被广泛使用。

轻笑，程度上较微笑略深，面部表情进一步变化：嘴微张，露上齿，不发声，表示欣喜、愉快。轻笑多用于亲友相见，向熟人打招呼或遇上喜事的时候。

浅笑，即抿嘴笑，下唇为上唇所遮盖，是一种害羞的表情，多见于年轻女性。

大笑，程度较深，面部有明显的变化：嘴张大，露上下齿，辅以“哈哈”的笑声，但身体鼓动不多。大笑通常见于开心时刻，非常高兴的时刻。

狂笑，程度最高最深的笑，面部表情变化甚为突出：嘴巴张大，露出上下牙齿，笑声不断，肢体动作明显，往往前仰后合，手舞足蹈，笑出眼泪，上气不接下气。狂笑一般出现于极度欢乐的状态下，纵情欢笑，不常见。

笑的禁忌

假笑：皮笑肉不笑，不真实的笑。

怯笑：手掩口而笑，害羞、怯场。

怪笑：不怀好意、恐吓、嘲笑，令人反感。

媚笑：出于讨好的笑，具有功利性。

冷笑：含有怒意、不满、讽刺、不屑或无奈，易使人产生敌意。

二、手势与动作

人们往往在日常生活中借助手势来辅助表达思想和意愿。在跨文化交流中，我们应当避免使用对方忌讳的或难以理解的手势，要尽量采用对方习惯和喜欢的手势语，或用国际通用的手势进行交流。

1. 使用手势的要求

交往中使用手势要注意自然、规范、适度。在与人交谈时，手势不宜过多，动作幅度不宜过大。

2. 常用手势介绍

（1）自我介绍的手势：自我介绍时，或谈到自己时，可以用手掌轻按自己的左胸，意指自己。不要用拇指指着自己的鼻尖。

（2）跷大拇指表示赞赏（图 2-20）：在我国和许多国家，跷起大拇指表示对他人的称赞、夸奖的意思，而用左手小指表示蔑视和贬低的意思。

（3）胜利的手势（图 2-21）：“V”形手势，是表示“胜利”和“成功”的手势。在英国，手心向外的“V”形手势表示“胜利”，手背向外的“V”形手势表示“二”。

（4）OK 的手势（图 2-22）：“O”形手势，也被称为“OK”手势，在美国或讲英语的国家中表示“赞扬”和“允许”的意思，在印度表示“正确”，在泰国表示“没问题”，在法国表示“零”，在日本、缅甸、韩国表示“金钱”。

图 2-20　称赞夸奖

图 2-21　胜利的手势

图 2-22　OK 的手势

（5）指点的手势表示轻蔑：交谈中伸出食指指向对方，表示对对方的轻蔑与指责。更不可以将手高举过头，用食指指向对方的脸部，这是极其不礼貌的行为。东西方人都非常忌讳这个手势。

（6）捻指手势略显轻浮：捻指即“打响指”，用手的拇指与食指弹出“叭叭”的响声，既可以表示高兴，有可以表示对他人说的话表示赞同，但这个动作容易引起某种轻浮的印象，所以最好还是不要做这个手势。

（7）要慎用抚摸头部的手势：许多国家成年人，都喜欢用抚摸小孩子的头部来表示对他们的爱意和亲昵，同时也是表示对其家长的友好；但在泰国等佛教国家里，这种行为是被禁止的，不允许他人触摸头部，否则就是对他们的最大不敬。

（8）“请过来”的多种手势：在我国，表示“请过来”的手势，是伸出右手，将手指朝向自己方向摆动；在英美习惯于伸出食指，并用食指弯曲来表示。在美国呼唤服务员，可以把食指向上伸直，而在亚洲一些国家里，这样的手势是不可以使用的，因为这个动作通常是用来叫小动物的。日本招呼侍应生时，把手臂向上伸，手掌向下，并摆动手指。

【知识拓展】

手势泄露你的心事

(1) 面带微笑，双手摩擦手掌，通常流露出期待、迫不及待之情。

(2) 谈判中，紧握自己的双手，往往说明自己内心有挫败感。

(3) 塔形手，即两手的指尖轻轻接触，形成一个塔尖，呈竖形，往往出现在上级向下级提建议时，流露出自信，想说服对方的意思。

(4) 双手交握或握臂于体后，往往是内心充满焦虑。

(5) 手插在口袋里，露出拇指，往往是内心有一种优越感。

(6) 说谎时常见的手势：①用手快速地摸鼻子，除了真的是鼻子痒外，一般都是要掩饰什么。②用手遮住下巴，或同时假咳嗽或拉衣领。③摩擦眼睛，除了真的是眯眼了之外，一般是撒谎。④挠耳朵或脖子，除了是真的痒之外，一般是撒谎。

(7) 单手托着下巴，往往是厌倦，也有可能是思考。

三、递接物品

1. 递接物品的原则与礼仪规范

递接物品的原则是目视对方，表情自然，双手递接。具体礼仪规范列举如下：①双手递接最佳。不方便双手递接时，也应采用右手递接；左手递接是失礼的。②递物品要递到对方手中。递交物品应直接交到对方手中，非万不得已，最好不要将所递物品放在其他地方，特别不应随意将物品抛给对方，否则是非常不礼貌的。③主动上前递接。若双方相距较远，递物者应主动走近接物者；接物的一方也可以主动接近递物者，以示相互尊重。假如自己本来是坐着的，最好在递接物品时起身站立为好。④递交物品时，最好辅以相应的语言。递交物品时最好能说明所递为何物，不要默默递送；同时，还应视所递物品的不同，辅以相应的表情；递接物品时都应与对方有目光的交流，视线不要只锁定在所递交的物品上。

2. 递接物品的具体方法

递接不同的物品时，以方便对方为目的，具体的方法有所不同。

(1) 递交物品的方法：①递交文件、书籍、名片等有文字的物品时，要注意使文字方向朝向对方，方便对方阅读，不可倒置。②递交笔、剪刀等有尖头的物品时，需将尖头朝向自己，或朝向其他方向，不要指向对方。③递送茶杯应左手托底，右手握住杯把，将茶杯把指向客人的右手边，双手递上。④递送饮料、酒水时，应将商标朝向客人，左手托底，右手握在距瓶口 1/3 处。

（2）接物品的方法：① 接物品时一般应双手恭敬去接，同时点头示意或道谢。② 接名片时，除双手恭敬接过来外，还应认真阅读名片上的内容，以示对对方的尊重。阅读名片时，如果遇到某些问题，则可以当面请教。看过名片后，应把名片郑重地放在名片夹中，并表示谢意。切不可把名片随意放在一堆物品中，或在名片上放置茶杯等物品。不经意地将对方的名片塞进衣袋里，也是不礼貌的表现。

正确递接物品方法如图 2-23～图 2-26 所示。

图 2-23　双手递接

图 2-24　单手递交

图 2-25　递水杯

图 2-26　请用茶

【课堂实训】

递接物品情景模拟

(1) 同桌两人一组，进行课堂模拟训练。训练时，一人递物品，一人接物品，分别扮演相应的角色。模拟后同学相互评议，指出不足之处，进行反复训练。

实训 1　递交作业、试卷给老师，或归还他人的书籍，或递名片给客户。

——应注意双手递接，文字方向要对着接的一方。

实训 2　借剪刀给别人，或递一支笔给对方，请对方在表格上签名。

——应注意把尖头对着自己，不指向对方。

实训 3　递给对方一瓶饮料，或递一杯茶给长辈。

——应注意将标签露出，使对方能看到饮料的品种，手持部位为距瓶口1/3处。递杯要注意递交到对方的右手边。

(2) 由各小组抽签，确定测试情景题，在全班同学面前做情景演示，由其他小组学生给予评议意见（见表2-4），由任课老师评定成绩等级（优、良、待改进）。

表 2-4　递接物品训练评价表

项目	训练自评	同桌评议	测试同学互评	跟进练习
双手递接				
目视对方，表情自然				
有辅助语言说明				
递接方法适当				
测验成绩（老师评定）				

自我训练与复习巩固

一、礼仪常识自测题（判断题）

1. 在上课之前或与人交往之前不应吃榴莲、韭菜、生蒜等带有异味的食品。
（　　）

2. 在走廊里行走及上下楼梯应自觉靠左走，避免与来着对撞、抢道。（　　）

3. 递交作业、试卷、请假条等应双手递接，将文字朝向对方，方便对方观看。（　　）

4. 递送茶杯时，应右手托杯底，左手握杯把，将茶杯指向客人的左方双手奉上。（　　）

5. 为他人指示方向时，应该用右手食指指向该方向，并清楚地向他人说明方向。（　　）

二、思考与辨识

结合自己的校园生活体验，请写下自己与同学相处过程中的快乐与烦恼，想想怎样保持与同学们和谐的人际关系，让彼此都拥有难忘的校园生活经历。

我的体验与感受	与同学相处的令我感到快乐的事	与同学相处中我的小烦恼
思考与改进：		

三、行为训练

校园生活的10项基本习惯训练

10项基本习惯	自我评估	我的进步
1. 仪表规范，符合学生角色要求。		
2. 逢人亲切微笑问好。		
3. 按时到课，不迟到、不早退。无极特殊情况不请假。		
4. 按时完成作业，不欠交。		
5. 积极参与课堂学习讨论。		
6. 认真聆听老师的讲解和同学的发言，给予恰当的回应。		

续表

10 项基本习惯	自我评估	我的进步
7. 善于发现同学的优点，真诚赞美对方。		
8. 自习课合理安排自己的学习，保持安静，提高学习效率。		
9. 礼让他人，用语文明。		
10. 诚信考试，绝不舞弊。		

第三章 家庭生活礼仪

教学目标

价值目标： 理解讲究家庭美德、维护家庭和睦的重要作用，理解待客与做客的礼节在人际交往中的重要作用。

知识目标： 掌握维护和谐家庭关系及待客与做客的基本礼仪规范。

能力目标： 应用家庭礼仪的基本规范正确处理家庭关系，应用待客与做客的基本规范，维护良好的宾主关系。

——细小的事，温存的心

第一节　营造温馨和谐的家庭关系

【情景模拟】

早上起床后，你会对父母说“早上好”吗？从家里出门来上学，你会跟父母说“再见”吗？晚上回到家，你会对父母说“我回来了”吗？学校临时有活动要晚点回家，你会打电话给父母说明吗？吃饭的时候你会等父母都坐好才吃吗？你会先为父母盛饭吗？每逢节日和父母生日、结婚纪念日，你是怎么做的？

先来模拟一下你平时是怎么做的，然后与同学们分享你的感受，初步体会为什么要讲究家庭礼仪。

一、家庭礼仪的重要性

家是我们生活的港湾。当我们疲惫的时候、受伤的时候，家是一个能让我们休息、疗伤，积攒力量，重新出发的地方。温馨和谐的家庭关系是我们生活幸福的重要组成部分，实践家庭礼仪就是为了表达我们对家庭成员的尊重和关爱，是维持家庭生存和实现幸福的基础。

所谓家庭礼仪指的是人们在长期的家庭生活中，用以沟通思想，交流信息，联络感情，而逐渐形成的约定俗成的行为准则和礼节、仪式的总称。

二、关于代沟

小时候我们和父母的关系都很亲密，会黏妈妈，崇拜爸爸；而慢慢长大后很多人开始觉得父母观念老、啰唆、落伍了，感觉和父母之间存在代沟。这是很正常的，因为两代人成长的环境与经历不同，肯定会有不同的思想观念和行为特点，即使今天处在同样的时代里，面对同一件事，父母和我们由于年龄、阅历的不同，也往往对事物有不同的看法。这都很正常，每一代人都是这样过来的。想一想，到我们老的时候我们的子女是不是也会觉得和我们有代沟？关键是，我们应该怎么做才能比较好地处理好代沟的问题。

第一，我们要认识到代沟既是客观存在的，也是可以通过有效的沟通去跨越的。只有我们和父母密切沟通，相互交流思想，才有可能缩短彼此认识上的差距，缩小代沟。

第二，在两代间的沟通问题上，作为晚辈，我们应该更主动。多向长辈述说我们现在的生活和自己思想的变化；多听取长辈的意见和建议；多聆听长辈的成长故事，分享长辈的经验与智慧，让长辈知道我们是由衷地尊重他们并虚心地向他们学习的。我们应该努力争取两代人，甚至是三代人做到相互尊重、包容与理解。

第三，也许很多同学觉得父母不理解自己，不相信自己，想一下，你有没有主动向父母告知自己的情况呢？往往正是因为我们觉得父母不理解自己，就不把自己的情况告知父母，结果是父母越不知道，就越担心，甚至是越往坏处想，动辄不信任自己。只有敞开心扉，坦诚地沟通，才能减少误会。

【温馨提示】

爱需要表达，虽然我们中国人不太擅长用肢体表达对亲人的感情，但是平时和父母多些拥抱，出去散步时可以挎着父母的胳膊，对父母多些问候、赞美，相信和父母的关系一定会非常融洽。

【养心阅读】

有些错不必纠正

我的生日，居然是一个错误。按父母的说法，那天是阳历 12 月 8 日，农历十一月十一。我一直这样认为。可是有一天我去查万年历，却惊讶地发现，那两个日子在我出生的那一年并不重合，前后差了一天——显然父母记错了。把儿子的生日都记错，这个错误太严重了。

于是我向父亲质疑。父亲说“12 月 8 日！没错，那个火红的 8 字，至今还印在我的脑子里呢。”

母亲接着说：“农历十一月十一也没错，咱们小镇逢一为集日，那天就是集日。”

两个日子都没错，难道是历法错了？历法会错吗？从那以后，我困惑不解。

等我长到 18 岁，我想：一定要把生日的确切日期搞清楚，怎么能让一个错误的生日伴我终生呢？

我让父母好好回忆一下，并说：“如果确实是 12 月 8 日，那农历就是十一月初十；如果农历是对的，那阳历就是 12 月 9 日。总之，两个日子不可能是一天。”

父亲斩钉截铁地说："阳历错不了，我清楚地记得，当你一落地，我就在那个火红的8字下面写了一行字：今天我有儿子了！"母亲笑着说："日历上的字，我也记得。"

可是，肯定了一个，就必须否定另一个，历法是科学，不可能模棱两可。"那么，农历十一月十一肯定是错了。那天应该是十一月初十。"

母亲一听就急了："不是初十是十一，只有十一才可能是集日。那天，我想去看你病重的姥爷，可因为是集日，很多外村的亲戚来赶集，在你姥爷家吃饭。我一进院，看见人太多了，就没进屋子，心想改天再去吧，可是当晚就生了你。接着就坐月子，不能出门，十几天后，你姥爷就去世了，我都没能见他最后一面。"

母亲的泪流了下来，她哽咽着说："这样的日子我能记错吗？如果那天不是集日，你姥爷家就不会来那么多人，我就能见你姥爷最后一面了。"看见母亲流泪了，父亲有些愠怒了，他瞪着我说："你究竟想干什么？"父亲的话让我内心一颤，是啊，我想干什么呢？我想用所谓的科学，去怀疑，否定他们的记忆？他们的记忆是那么的温馨，又是那么辛酸……哪一个更重要呢？

从那天起，在我18岁长大成人的时候，我懂得了一个道理：在世上，有一些事情，明知是错的，但不必去纠正。

三、正确践行家庭礼仪

1. 在家庭中，晚辈应当尊重长辈

在家里长辈给予自己哪怕是一点微不足道的帮助后，也要表示感谢。当母亲为自己特地准备了一顿丰盛的晚餐，当父亲送给自己一件梦寐以求的礼物，都不要忘记当面对他们说一声"谢谢"。好多学生认为一家人那么熟，不必言谢，记在心里就可以了。其实，即使是一家人，感激之情也应该用语言和行动表达出来。父母听到你一声"谢谢"，再辛苦也会感觉很欣慰。

一个和睦相处的家庭，长辈与晚辈的关系是融洽的，彼此可以畅所欲言，但即便在这个时候也不要忘记对长辈应有的尊重，不要直呼长辈的名字，不要跟长辈开过火的玩笑。当见到长辈的朋友时，晚辈要表示尊重。

对于长辈的关心，晚辈应当表示理解。有事出门之前，要告诉长辈一声，并且说一声"再见"。办完事或放学回家，也要告知长辈，以免其操心。

2. 对长辈的关心要以关心来回报

对我们的生日，父母肯定不会忘记，而且大都会好好庆祝；但对于父母的生日，

做子女的却经常忘记，晚辈至少要记住父母的生日和结婚纪念日，到时要专门向他们表示祝贺，使父母感受到我们的爱意。

晚辈要体贴父母及其他长辈，要做些力所能及的家务劳动，学会处理个人的生活琐事，减轻父母的劳苦；同时，要善于理解父母，尽可能帮助家长排解苦闷和麻烦，要懂得不能因为自己的琐事再给他们增添麻烦。父母有时身体不适，做子女的更应尽心尽力地照顾他们，必要时给他们做些可口的饭菜，这样会给父母带来极大的安慰。

做子女的，应该及早地懂得生活的艰辛，生活上要懂得尽量节俭，绝不能讲吃讲穿，常常纠缠不休地和父母要零花钱；相反，有些同学很能理解父母的难处，即便父母主动给他们买漂亮的衣物等，他们也劝说父母要尽量节俭。作为子女，要努力体贴和慰藉自己的父母，以报答父母平日的养育之恩。

3. 生活中对父母要讲究礼貌，懂礼节

当父母严肃批评子女时，子女应恭恭敬敬地或坐或站，表示一种虚心接受教诲的态度。当长辈有错的时候，晚辈也不应当与之争吵，而应静下心来与其交流。平时，两代人还应该多谈心，做家长的不要以家长自居，做子女的更要善解父母的心意，多听一听家长的观点和意见，各自克服自己的片面性。

家庭礼仪的核心是爱与尊重。只要记住这两点，一切事情都能办好。

【思考与辨识】

想一想，我们平时对父母说过哪些不该说的话，做过哪些不该做的事，并把它们写下来，然后自己扮演父母，同桌扮演自己，再演一遍，体会父母的心情，写下你的感想。

接下来再想一下说过哪些让父母高兴的话，做过哪些让父母感动的事，同样和同桌演练一遍，声音要大，写下你的感想。

第二节　待客与做客的礼仪

一、待客与做客礼仪的重要性

无论是在家中接待亲戚朋友，还是到亲戚朋友家里去做客，有许多礼仪要加以注意。

接待客人是一门艺术，它要求讲求礼节，考虑周全。遇问题时若处理不当，多年来建立起来的友谊就可能会毁于一旦，也可能丧失许多良机。

拜访朋友是人际交往中不可缺少的活动，应掌握相关的礼仪规范，不能因不懂做客之道，而影响朋友之间的友谊，妨碍主人的休息，损坏自己的名声。

二、待客与做客的具体礼节

本节我们将以讲练结合的方式把待客与做客的礼仪同时进行演练和讲解。

第一个步骤：预约——不做不速之客，避免打扰他人的生活，尊重他人的时间安排。

请两位同学模拟一个预约电话，同学们找问题。

预约的注意事项：

(1) 说明拜访或邀约的事由。

(2) 提出预约的时间，征求对方意见，避开用餐时间，不要太早或太晚，以免影响对方休息。

(3) 关于约会的地点，最好客随主便，但异性单独会见时要避免约在家中、酒店等地。

第二个步骤：拜访前及待客前客人和主人各应做好准备。

拜访前客人应该做的准备：

(1) 买些小礼物，如水果、鲜花或对方喜爱的小礼物。礼物一般不要太贵重，但要有新意。送花时要考虑花语。

(2) 整理好自己的仪表，特别是发型、着装和面容清洁。

接待客人之前主人应该做的准备：

(1) 布置待客环境，使环境清洁，空气清新，准备适量茶点。

(2) 整理好自己的仪表，特别是发型、着装和面容清洁，不能穿睡衣、背心等过于随便的服装接待客人。仪表整洁是对客人的尊重。

第三个步骤：到访时的礼节。

到访时拜访方和接待方应该怎么做呢?

(1) 对不熟悉地理环境的客人，主人应该给予清晰的指引。

指路的时候我们应该注意以下几点：讲清方向和周边标志性建筑物；对女性指路最好讲前后左右的方向，要避免和女性讲东、南、西、北，一般来说女性方向感较男性弱。

(2) 对于重要的客人应该出门迎候，对找不到方向的客人，应约在某个标志性建筑物前等候。客人到访时要敲门，敲门时注意要有节奏，不轻不重，不急不慢，最多只敲两三次，不能透过缝隙窥视里面，也不可在门口高声呼叫。如果有电铃，既不要长时间按住电铃不放，也不要一触即离，要适中，作为主人要及时回应。

（3）迎候客人要亲切问好，如果客人手上拎着重物，要主动接过来，为客人放置好。如果客人拿的是给你或你家人的礼物，就不要主动上前去接。父母不在家时，不应随便收下访客的礼物。

第四个步骤：待客的礼节。

（1）安排客人座次：长沙发优于单人沙发，沙发优于椅子，较高的座椅优于较低的座椅。一般离门远的，对着门的位置是最佳的（待客座次参见图 3-1）。

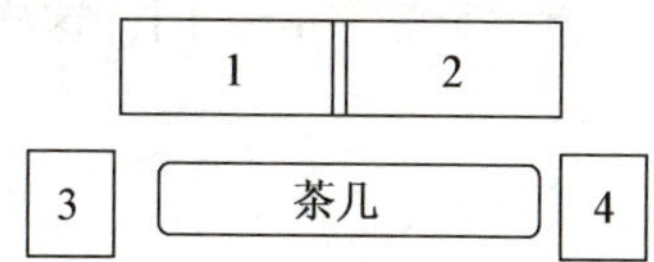

图 3-1　待客座次安排示意图（1 为最重要的嘉宾）

（2）拿出茶点热情招待客人。上茶注意：茶满八分为敬，不能过满，并应双手奉上。

（3）水果最好去皮切好，摆成拼盘，摆上牙签或叉子，给客人提供方便，体现出以诚待客。

（4）若客人是父母的朋友，敬茶后，可视谈话内容决定是否留下陪同。如需陪同，应坐在父母旁边，一般不要插话，避免喧宾夺主。如果客人直接问话，可简短而谦逊地回答，不要夸夸其谈。

（5）若客人是自己的朋友，在进门时，应该先向父母介绍朋友，再向朋友介绍父母，自己可以以主人的身份接待自己的朋友，送别时也应告诉父母，让朋友有机会向你的家长道别。

客人是你自己的朋友，你可以自己招待，不能指使长辈做这做那招待你的朋友，如果长辈热情地拿来茶点水果，你应表示感谢，自己虽然是待客的主人，同时也是晚辈，不可以混淆。如果家长在忙，你自己可以向你的朋友说明，并把朋友带到自己的房间或书房。如是单独接待异性客人，就要把门打开，以示礼貌。

（6）客人来访，家里要气氛和谐，不能当着客人的面争吵。与客人谈话，要专心，不能经常看表，不能做扫地等不礼貌的事。不能将电视、音响等放得太大声，影响交谈。

（7）对不速之客的到来也应礼貌接待，问明来意，酌情处理。当客人来访，自己正要出门，如果不是急事或有约，应先陪客人；如果有急事必须离开，也应了解来访意图，视情况另约。

第五个步骤：告辞与送别的礼节。

（1）客人要适时告辞，一般做客以半小时到一小时为宜，避免一坐就不起，影响主人的正常生活秩序。告辞要坚决，不能只说不起身。

（2）客人告辞时主人一般要委婉地挽留一下，以示友善、热情；客人告辞时，主人不能先起身，否则会有赶客之嫌，应等客人先起身，主人在客人起身后，应主动为客人取下搁置的衣帽，请他穿上。

（3）热情道别，送客。送长辈时要送到楼下、庭院中；送同辈可以送至电梯口、楼梯口；送晚辈可以在门口站立相送。要目送客人走出视线外。客人回头相看，应挥手示意，不能客人刚走出门口，就"砰"一声关门，这样会非常失礼。

【知识拓展】

古代待客礼仪八种

自古以来，中国就被称为"礼仪之邦"，各种礼仪纷繁复杂。在古代，常见的待客礼仪有8种：①拂席，即擦去座席上的灰尘，请客人就座，以示敬意。②扫榻，即拂去榻上的尘垢，表示对客人欢迎。③倒屣。由于急于要迎接客人，以致把鞋子都穿倒了。④拥彗。古人迎接尊贵的客人，常拿着扫帚表示敬意。意思是说，把房屋打扫得干干净净，以招待客人。⑤虚左，即空出车上左边的座位，迎接客人（古代乘车，以左为尊）。⑥却行，即向后退着走，以示对客人的尊敬。⑦侧行，即侧着身子前行，以表示对客人的尊敬。⑧避席，即离开座位站起来，以表示对客人的尊敬。

——《中学生》2006年第7期

另外，作为晚辈，若是陪同父母去拜访长辈的朋友，对主人就要格外注意礼貌。见面时宜行鞠躬礼，切不可冒失地向主人伸出手去握，因为主人是父母的朋友，就是自己的长辈，主动握手是失礼的。

陪同家长进入主人客厅后，要等父母入座后，再按照主人的吩咐入座。入座前要从容直立，不能东张西望。入座后既要大方，又要稳重，不能东倒西歪，或头枕在沙发背上，不要跷腿、晃腿，更不要随意走动，乱拿主人室内物品玩赏。

陪同父母做客，不要乱插话；主人问自己问题时应恭敬地回答；在父母告辞之前，自己不能表示倦意，更不能催父母告辞。这些都是在做客时应做到的。

【自我训练】

(1) 每天上学离家或放学回到家时要记得跟父母打招呼，每逢节日及父母的生日、结婚纪念日，都要对父母说祝福的话，有条件的话可以送一些适当的小礼物。

(2) 为父母做一件力所能及的小事，体现对父母的关心。

(3) 主动和父母谈谈自己目前的学习和生活状况及未来的打算，听听父母的意见。

(4) 周末到好朋友家做客，践行待客与做客的礼仪。

自我训练与复习巩固

一、礼仪常识自测题

(一) 多项选择题

1. 去朋友家拜访应该事先预约，要注意（　　）

A. 尽量预约双方都方便的时间，使被访者有所准备

B. 除紧急情况外，应避免在清晨和夜间拜访他人，避免打扰他人用餐

C. 凡约定的时间，应严格遵守，最好能提前5~10分钟达到，以免对方等候

D. 预约时要讲明拜访事由和时间，最好能先问对方有没有时间，再说拜访事由

E. 预约时要讲明拜访事由和时间，最好能先说明拜访事由，再征询对方何时比较方便

2. 接待客人时，应该请客人坐宽大舒适的上座位置，具体的规则是（　　）

A. 长沙发优于单人沙发

B. 沙发优于椅子

C. 较高的座椅优于较低的座椅

D. 离门远的对着门的座位是最佳的

E. 离门近的背着门的座位是最佳的

3. 在为客人递送饮料酒水时，正确的做法是（　　）

A. 手握在距瓶口1/3处

B. 手握瓶口

C. 将饮品标签文字正面面向客人

D. 将饮料酒水单手递给客人

E. 右手握瓶，左手托底

4. 送客一般应该（　　）

A. 送长辈应送至楼梯口或电梯口

B. 送长辈应送至楼下或庭院中

C. 送平辈应该送至楼梯口或电梯口

D. 送晚辈可送至门口

E. 送平辈和晚辈都应送至门口

（二）图形题

5. 家中待客，为客人安排座次，请用 1-4 号表示，1 为最重要的嘉宾，以此类推。

二、思考与辨识

请回顾一下家庭生活中你所做过哪些的让父母感到开心的小事？他们当时有什么反应？

三、行为训练

列出 10 件你愿为父母做的小事，用行动表达爱。

我愿为父母做的 10 件小事	实现情况
1.	

续表

我愿为父母做的 10 件小事	实现情况
2.	
3.	
4.	
5.	
6.	
7.	

续表

我愿为父母做的 10 件小事	实现情况
8.	
9.	
10.	

第四章

社会生活礼仪

教学目标

价值目标： 树立与他人共享社会资源、和谐共处的基本观念。

知识目标： 掌握社会公共生活的基本礼仪规范。

能力目标： 将礼仪的原则与规范运用于实际生活中，建立良好的行为习惯。

——己所不欲，勿施于人

第一节　交谈与使用手机的礼仪

【情景模拟】

请以小组为单位模拟在公共场所交谈的情景。注意观察聆听与表达的行为细节，对交谈的礼仪做出评价。想一想，日常生活中，我们应注意哪些交谈礼仪？

情景 1　模拟 A 与 B 在校园中相遇，谈及校运会的经历与感受。

情景 2　模拟 A 向 B 提出一个请求，B 委婉地表示拒绝。

情景 3　模拟 A 加入 B 与 C 的谈话，B 与 C 热情欢迎并展开三方交谈。

公共场所是为社会公众提供服务的场所，个人在公共场所的行为举止都应顾及他人的需要，注意不给他人造成困扰。

一、聆听与表达的礼仪

交谈是人们交流思想、沟通感情的重要手段，在交谈过程中双方态度都应诚恳，表情应自然，语言应恰当，表达应得体。有人说："聪明的人懂得说，智慧的人懂得听，高明的人懂得问。"说、听、问这 3 种不同的交流形式，在交际过程中形成了密不可分的互动关系。

1. 聆听的礼仪

人际交往中，要使沟通更有效，首先应学会聆听，在交谈中通过倾听他人的谈话，充分理解他人要表达的观点，听出他们的心声，并积极与对方进行互动交流，表达对对方的尊重。具体应注意以下礼仪细节：

（1）专注聆听。当与人交谈时，应正视对方，以表示专注倾听，并通过点头等动作表示认同和认真聆听，鼓励对方继续说下去。一个好的聆听者，会使说话的人感到自己的谈话受到尊重和欢迎，具有重要性。

（2）换位思考。同理心是一个心理学概念，意思是要想真正理解对方的意图，理解别人的初衷，就要站在对方的角度看问题。聆听时，要进行换位思考，即站在对方的角度去理解对方的语言信息及其中隐含的意思，这样我们才能做出正确的回应。

（3）积极回应。聆听者要专心致志地倾听，要通过表情、手势等肢体语言或直接的口头语言，给对方以回应，使对方能够知道聆听者的想法，从而与聆听者产生互动交流。

【养心阅读】

你听懂了吗

某期节目，美国著名主持林克莱特访问一名小朋友，他问道："你长大后想要做什么呀？"

小朋友天真地回答："我要当飞机的驾驶员！"

林克莱特接着问："如果有一天，你的飞机飞到太平洋上空所有引擎都熄火了，你会怎么办？"

小朋友想了想："我会先告诉坐在飞机上的人绑好安全带，然后我挂上我的降落伞跳出去。"

当现场观众笑得东倒西歪时，林克莱特却在继续注视着孩子，看看他是不是自作聪明的家伙。没想到，几秒钟后，他看到孩子的两行热泪夺眶而出，他这才意识到大家的发笑可能让这孩子受到了伤害，因为孩子脸上的悲悯之情远非笔墨所能形容。

于是林克莱特问他说："为什么要这么做？"

小孩子的答案透露出一个孩子真挚的想法："我要去拿燃料，我还要回来！"

善于倾听，不是被动地听，不是听而不闻，而是要积极地听，在体谅对方的前提下，设身处地地为对方着想，主动地对信息进行搜寻和理解。当听到与自己截然相反的观点时，应充分保持理性，了解对方的出发点和思路究竟是什么。

——摘自《秩序之美》

【想一想】

你平时听别人说话时，是不是也会这样只听一半就自做判断？想想该如何改进？

【行动指南】

谈话中四种情况的巧妙处理

不要随意打断对方的谈话，不要总是插话、抢话，对谈话中出现的种种情况要巧妙地加以处理：对正确的意见，要表示赞同；对无原则的问题，不必细细追究；对有原则性的问题，则应婉转相告，坚守原则；对不合理的需要，应该婉言谢绝。

2. 表达的礼仪

谈话是两个人或几个人之间面对面的交流形式，无论是学习讨论、沟通信息、交流思想，还是谈心聊天，都要注意双向互动。具体应注意以下礼仪细节：

（1）保持目光接触。谈话者应保持与对方的目光接触，从对方的语言反馈和肢体动作中，了解对方对谈话的兴趣，了解对方的观点，应避免自己一味谈话，忽略对方的感受。

【行动指南】

正确称呼对方

称呼是人们日常交往中采用的称谓语，称呼体现对对方的尊重，也体现说话人的个人修养水平。得体的称呼容易拉近交往双方的心理距离，为日后的交往打下良好的基础。

称呼要得体，符合对方的年龄、性别、身份、职业等；要注意场合，对于领导、客户应以职务相称，对于不熟悉的人应以姓氏加先生/小姐相称，以示郑重；称呼要注意次序，先长后幼，先上后下，先女后男，先疏后亲，或按照由近及远的顺序称呼。

1. 常用的称呼

（1）社交场合、工作场合常用的称呼：正式的场合中，称呼要庄重、正式、规范。

①职务性称呼：

职务性称呼常用于政务、商务、学术活动中，表示身份的区别，以示敬意。

姓氏+职务：如甘校长、李总经理、梁部长、赵主任等。

姓名+职务：如×××校长、×××总经理、×××部长、×××主任等。

单称职务：如书记、院长、董事长、总经理、校长等。

②职称性称呼：

对于具有专业技术职称的人，可以用职称相称。

姓氏+职称：如杨教授、陈律师、吕工程师等。

姓名+职称：如×××教授、×××律师、×××工程师等。

③学衔性称呼：

可以增加被称呼者的权威性，增加现场的学术气氛。

姓氏+学衔：如李博士、张院士等。

姓名+学衔：如李祺博士、张琳院士等。

单称学衔：如博士、院士等。

④行业性称呼：

姓氏+行业：如蒋老师、成教练、王医生等。

姓名+行业：如蒋丽萍老师、成功教练、王泽医生等。

单称行业：如老师、教练、医生等。

⑤泛尊称：如先生、小姐、夫人、太太、同志等。

(2) 生活中的称呼。

①对亲属的称呼：

自家相称较为亲切，如爸爸、妈妈、哥哥等。

对外相称较为正式，如家父、家母、家兄等。

②对朋友熟人的称呼：

普通称呼：可直呼其姓名或单呼其名，可根据年龄称“老易”“小张”“大刘”等。

敬称：对长辈称“您”，对有身份的称“先生”“老师”，或“周老”“王公”等。

③对关系一般的人称呼：泛称“先生”“小姐”“夫人”“太太”等。

(3) 外交中的称呼。

一般都可以称先生、小姐、太太等。

部长以上高官称部长阁下、总统阁下等。

君主制国家：对国王、皇后称“陛下”，对王子、公主、亲王称“殿下”，对有公、侯、伯、子、男等爵位的人称“阁下”或“先生”等。

军人称呼军衔：上校先生、上尉先生、史密斯中尉等。

对教会神职人员称：神甫、牧师先生，而对主教以上的神职人员可以称“阁下”。

2. 称呼的禁忌

(1) 不要误读、误判：对不会的字应谦虚请教，不要信口开河。错误判断对方的年龄、婚姻状况，叫错是失礼的事。

(2) 称呼不要庸俗化：正式场合不适宜用“哥们”“死党”“伙计”等称呼。

(3) 不应使用绰号称呼对方：绰号含有贬义，不应使用，如“秃子”“肥猪”等。

(2) 交谈距离的把握与体态语言。交谈双方应注意保持适当的距离，避免过远、过近。交谈中不要拉拉扯扯，不要拍拍打打。谈话者为充分表达自己的思想、感情，可以在谈话中适当添加辅助手势，但要注意动作不要过大，不要手舞足蹈。谈话时，还应注意规范自己的坐姿、站姿，注意不要口沫四溅。

(3) 给对方发表意见的机会。交谈是互动的交流，不是信息的单向传递，谈话者要注意给别人发表意见的机会，如讲完一段话后先暂停几秒钟，让别人有机会插话，若没人接话，再继续发言。别人说话时，应认真聆听，不要轻易打断对方，而应适时地发表个人的看法。

(4) 避免不当谈话，避免使用口头禅。交谈互动中，一般不提及与谈话内容无关的问题，不提不愉快的事情，不议论他人，不讥笑、讽刺他人，不追问他人的隐私；同时，应尽量避免使用口头禅。有些人讲话时习惯使用口头禅，如“你懂吗”“对不对”等，这会使听者感觉不舒服。

(5) 参与谈话的礼仪。当参与他人的谈话时，要先打招呼。别人在个别谈话时，不应凑前旁听。有人与自己主动说话或第三者参与谈话，应以点头致意、微笑、握手等方式表示欢迎。若有事需要与某人说话，应待别人说完，再示意交谈。谈话现场超过 3 人时，应注意选择大家共同感兴趣的话题，不时与在场的所有人都攀谈几句，不要冷落了个别人，如所谈的问题不便让旁人知道的，应另择合适的场所个别交谈。男子一般不参与妇女圈的议论。

【知识拓展】

社交距离

在人际交往中，双方的空间距离反映出双方的关系和心理状态，也反映出民族和文化特点。心理学家发现，任何一个人都需要在自己的周围有一个自己能够把握的自我空间。这个空间相当于“私人空间”，这个空间的大小因不同的文化背景、环境、行业、个性而有所不同。各民族的人在交谈时，关于交谈双方应保持多大的距离，有着不同的看法。根据美国人类学家霍尔博士研究，社交距离主要分为以下几种：

(1) 亲密接触 (0~45cm)：交谈双方关系密切，适于双方关系最密切的场合，如情侣间、夫妻间。

(2) 私人距离 (45~120cm)：朋友、亲戚或熟人间交往一般采用这个距离。

（3）礼貌距离（120~360cm）：用于处理非个人事务的场合，如办公或一般社交场合。

（4）一般距离（360~750cm）：适用于非正式的聚会，如公共场所看演出等。

（5）社交距离（1m 左右）：属于社交性、礼节性的距离，给人以安全感，便于开展友好交谈，常见于办公室等场合的交谈中。

（6）公众距离（3~7m）：一般是演说者与听众间的距离。这个距离既不会遥不可及，又保持一定的神秘感。

注意：不分场合、对象，在交往中与对方距离过近，会冒犯他人的“私人空间”，给人以压迫感、不安全感；如果距离过远，又会使人产生被轻视感。所以，要注意保持好适当的交谈距离，避免引起误会。

二、使用手机的礼仪

手机是一种便捷的现代通信工具，合理使用手机将有利于提高沟通的效率，使用手机应因具体场合不同而注意相应的礼仪细节。

想一想日常生活中，你是否碰到过如下场景。

场景 1：公交车上，有些人不断大声地对着手机重复“你在哪里”“我在……”，或高声地利用手机交谈，旁若无人。

场景 2：在安静的图书馆阅读，突然身边同学的手机响了，打断了你的阅读。

场景 3：兴致勃勃地和朋友一起观看电影或演出，被刺耳的手机铃声打断，接下来伴随剧情对白的还有身边的手机谈话声，被弄得非常扫兴。

场景 4：一些大型商场的公共洗手间里，一些人仍在大声地打电话，甚至占用洗手间久久不出来，惹人生厌。

使用手机应注意以下礼仪规范：

（1）上课，听讲座，参加会议，或参加会谈时，应将手机关机，最低限度也要将手机调至静音状态，这一方面表示对他人的尊重，对所参加活动的重视，另一方面也不会打断发言人的思路。

（2）在公共场所（包括人行道、楼梯、电梯、路口、剧场、图书馆和医院等）应尽量避免接打手机，如确需接听，应转身避人，压低音量，避免对他人形成干扰。

（3）看电影或看演出时，确需与他人进行手机联络时，采用静音的方式发送短信较为适宜。

（4）餐桌上，应关机或将手机调成静音，以免影响他人用餐。

（5）不要在别人注视你的时候，查看手机短信。

（6）手机只是通信工具，无论手机多么昂贵，也不要拿来炫耀。

（7）编辑手机短信语言要文明，因为你的短信反映着你的观点与态度，同时也反映了你的文化修养与水平。

（8）手机号码改变后，应尽早通知平日联络对象；如因手机断电等原因妨碍联络或暂停联络时，应及时说明，并向对方表示抱歉。

（9）拨打对方的手机时，要先考虑对方是否方便接听电话，避免清晨、夜晚或就餐、休息等时间打电话，否则会打扰对方。不确定的可以以“您好，我是……现在通话方便吗”为第一句话，表示对对方的尊重。

【自我训练】

（1）对交谈与使用手机的礼仪进行自我训练，邀请同桌指出你的不足，并加以纠正。

（2）交谈礼仪的测试见表 4-1。

表 4-1　交谈礼仪评价表

项目	自训自评	同学互评	跟进练习自评	测试
目视对方，专注倾听				
具同理心，能理解他人				
积极回应，恰当回应				
给他人留下发言空间				
手势适度，无口头禅				
综合评定				

【行动指南】

收发电子邮件的礼仪

电子邮件是一种便捷的网络交流方式，收发电子邮件时应注意以下礼仪：

（1）及时收取电子邮件。应定期打开收件箱，查看有无新邮件，最好是每天都定时查看，以免遗漏或耽误重要信息。认真阅读电子邮件并分类处理。

(2) 及时回复电子邮件。一般电子邮件应该当日回复，以确保信息交流及时到位，有利于开展工作，进行学习交流等。如果涉及较难处理、较难答复的邮件，应先告知来信人来件收悉，择日具体回复。如果因特殊原因未能及时查阅和回复，应尽快补办回复，并向对方致歉。回信时一般不必引用来件全文，以免造成混淆。

(3) 使用正确的主题。邮件的主题是邮件核心内容的缩影，应简单明了，突出主题。最好能在主题词中说明邮件内容，如×××教学论文、同学聚会照片、会议通知等。如果不写邮件主题，对方不易掌握邮件性质，容易被误认为是垃圾邮件。

(4) 注意使用签名。电子邮件的签名可以使人准确了解邮件撰写人是谁。一般邮件的右下方应署自己真实的姓名，正规邮件最好能注明其他联系方式，如电话等，以便联络。

第二节　观影、观赛的礼仪

去影剧院看电影或演出，去博物馆、展览馆参观，观看体育比赛等活动都是人们的文化生活活动，在这些场合人们应注意社会公德，有意识地维护公共秩序，营造良好的文化环境。

一、观看电影与表演的礼仪

1. 准时到场，对号入座

为不影响他人观影或观看表演，应稍稍提前到场，对号入座。若迟到，应随服务员指引悄悄入座，穿过座位时身姿要低，脚步要轻。

2. 举止文明，不妨碍他人

观看节目时应脱帽，同时要避免时常左右晃动，以免遮挡后排视线；应关闭手机或将手机调至静音状态，保持安静，避免大声谈笑，不随意哼歌或大声评论，避免对他人观看节目构成干扰。

3. 尊重演员，包容失误

观看演出时，每个节目演完后都应以掌声致谢；对精彩的节目可以要求“再来一个”，或以持续的掌声表示由衷的赞赏；全部节目表演结束后，应向演员鼓掌致谢，待演员谢幕后再离场。对演出的失误，应给予谅解，不应喝倒彩、起哄，或做其他侮辱性的行为；如果观影中途影片放映中断，则应耐心等待，不应喧哗起哄。

4. 有序退场，相互礼让

观影或观看演出结束后，应按顺序退场，不要拥挤，也不要过久停留。应相互礼让，让长辈、女士、小孩先行。

【养心阅读】

爱和善意

周国平

我们活在世上，人人都有对爱和善意的需要。今天你出门，不必有奇遇，只要一路遇到的是友好的微笑，你就会觉得这一天十分美好。如果你知道世上有许多人喜欢你，肯定你，善待你，你就会觉得人生十分美好，这个世界十分美好。即使你是一个内心很独立的人，情形仍是如此，没有人独立到了不需要来自同类的爱和善意的地步。

那么，我们就应该经常想到，我们的亲人、朋友、同学、同事，他们都有这同样的需要。这赋予了我们一种责任：对于我们周围的人来说，这个世界是否美好，在很大程度上取决于我们是否爱他们、善待他们，并且把爱和善意表达出来。

当亲友中某个人去世时，我们往往会后悔，有些一直想对他说的话再也没有机会说了。事实上，每一个人都在不可避免地走向死亡，我们随时面临着太迟的可能性。

因此，你心中不但要有爱和善意，而且要及时地表达，让那个与之相关的人和你共享。

——节选自周国平《人生哲思录》

二、参观博物馆、展览馆的礼仪

博物馆、展览馆都是高雅的文化场所，展馆内的展品通常都具有较高的纪念价值，因此博物馆、展览馆对馆内环境的要求非常高，参观者应注意自身的形象与行为举止，维护良好的文化环境。应注意以下细节：

1. 穿着要得体

为表示对展览文化层次的认同，参观者个人着装要端庄些，如在炎热的夏季不应穿着背心、短裤、拖鞋穿梭于展馆内。

2. 保持安静

参观者只有在安静、优雅的环境中，才能静心欣赏艺术品，甚至是与艺术大师做心灵的对谈与交流。因此，参观者在馆内应始终保持安静，尽量不要高谈阔论，更不能喧哗，以免分散其他参观者的注意力，而影响他人的参观情绪。

3. 不触摸展品

博物馆、展览馆的陈列品非常珍贵，具有极高的艺术价值，应加以重点保护，但有的参观者总是要亲手摸摸展品，感到这样才过瘾，这种做法对展品具有破坏作用。有些展品旁有明显的警示牌，如“禁止触摸”，参观者应留意。此外，许多博物馆有明显的标志，如“禁止拍照”，应自觉遵守。

4. 不吃零食

尽管博物馆、展览馆的展区都有明文规定，不允许吃东西，但是有的参观者还是一路吃，一路乱扔垃圾，这样既不雅观，又不文明，也不卫生。

5. 注意姿态

对环境的尊重，体现在行为的自律上。在参观的过程中，应注意自己的站姿、走姿，避免不雅的姿态，如在展览馆的长椅上呼呼大睡等，应绝对禁止。

【行动指南】

选购图书的礼仪

书店大多采用开放式购书的方式，这种自由的方式更需要读者们自我约束，共同维护高雅氛围。要意识到书店是文化场所，去书店时在着装上应注意不要过于随意，应避免穿背心、拖鞋等逛书店；携带的随身包应以轻便为宜，既方便自己选购书籍，也减少了与他人碰撞的机会；选购书籍前，最好先清洁双手，注意保护书籍；如需长时间阅读，不要挡住通道；不要议论纷纷，不要破坏安静的环境。

三、观看体育比赛的礼仪

1. 入场礼仪

观众入场前应注意会场关于着装的要求，根据具体要求着装；不带易燃、易爆危险品和刀具、火机、酒瓶等入场；不带宠物入场；如有安检规定不许带入的物品，要予以配合；有序入场。

2. 升旗仪式礼仪

赛场上宣布举行升旗仪式时，现场所有人员都应起立，脱帽，身体转向旗杆方向，等待升旗。升国旗、奏国歌仪式开始后，应肃立面向国旗行注目礼，然后跟着乐曲用正常的音量唱国歌。

3. 拉拉队礼仪

拉拉队在入场、退场和助威时要有组织、有秩序地进行。使用的口号、标语及所呼喊的内容要健康，不得恶意攻击对手，不要做变向的广告，不与其他拉拉队人员争吵。掌握时机，适时助威、喝彩。如使用锣鼓等乐器助威时，一方面要注意节奏，做到张弛有度；另一方面要了解好比赛项目的相关知识，避免影响比赛正常进行，不要影响观众观赛。要尊重裁判，理智地对待比赛结果。

4. 观赛拍摄礼仪

观看体育赛事，特别是桌球等比赛，摄影时应注意关闭闪光灯，以免影响赛手的正常发挥。据报道：2005 年 4 月 3 日下午 2 点，2005 中国斯诺克公开赛决赛在北京海淀体育馆举行，现场 1500 多个座位座无虚席。第 13 局是决定胜负最关键的一局，以前以 5∶7 落后的亨德利瞄准球准备反击的时刻，意外发生了：在他击球一瞬间，闪光灯正面冲他闪了一下，球打歪了。尽管现场的主持人和工作人员一直在提醒现场观众，禁止使用闪光灯，但实际上从第一天比赛到最后一天的决赛，闪光灯在观众席上此起彼伏，甚至在亨德利失球后，照相机的闪光灯都没有关掉。亨德利回到休息室后一句话也不说，气得脸通红，后来提出了非常强烈的抗议。

观看比赛，为赛手加油，欣赏赛手的精彩表现，想用相机捕捉精彩瞬间，都无可厚非，但是如果言行举止干扰了比赛，就违背了观赛的初衷。不应把自己的需要凌驾于公众需要、他人需要之上。关掉闪光灯，这么小小的一个举动，为什么那么多人就做不到呢？值得深思！

5. 退场的礼仪

比赛过程中，如果要提前退场，应在不打扰他人的情况下尽快离场。比赛结束时，向双方运动员鼓掌致意，然后按顺序退场。应选择距离自己最近的出口，顺着人流的方向行进，注意避免拥挤踩踏。随手将自己饮用过的饮料瓶、使用过的纸巾及果皮、果核等一并带出场外，扔到垃圾箱里。

【行动指南】

游览名胜古迹的礼仪

名胜古迹是人类文化的遗产，是公众共享的文化资源。在游览时，不要开闪光灯拍照的，因为闪光灯会对文物的漆面造成损坏。从文物保护的角度出发，请不要“偷拍”。古代建筑有许多雕刻，这些雕刻本身已经经受了风化的损害，如今再加上人为的损坏，如有的汉白玉的护栏雕刻在游人的抚摸下，已经黑得发亮了。作为有素质、有修养的游客，对于文物古迹都应精心地去保护。

游乐场游玩的礼仪

游乐场是颇受青少年欢迎的娱乐场所，许多热门的游乐项目前通常会排起长队，我们应耐心等候，依序游玩，避免争抢。对游乐项目的玩法和条件限制应先做了解，按工作人员指导选择适合的游乐项目，并注意安全。游乐场是个释放压力的好地方，当遇到设施设备有限而游客却很多时，不要只顾自己玩得开心、刺激，不应长时间占用设施，而应考虑到他人的需要，注意轮流使用，学会与他人共享资源。

【自我训练】

(1) 利用周末的时间，邀约几个同学一起去博物馆、展览馆参观，或去看一场电影，看一次演出，运用本课所学，注意自己的举止行为礼仪，同时留意观察周围观众的行为举止，看能不能发现什么不符合礼仪规范的行为。回来后和同学们交流分享一下你的体验和感受。

(2) 学校每年都会举行一次校运会，你是赛手，是拉拉队员，还是观众呢？无论你是哪个角色，都是校运会的参与者，结合本课所学，亲身去参与，去体验。校运会结束后，与同学们分享你的校运会感受吧。

第三节 使用公共设施的礼仪

一、使用交通工具的礼仪

1. 乘公共汽车的礼仪

(1) 乘公共汽车，应依次排队，有序上车。公交车是公共交通工具，必然使用者众多，而公交车的座位是有限的，使用者中必然有老、弱、病、残、孕和抱小孩等需要特殊关怀的人，作为乘客我们都应献出小小的一份爱心，善待身边的人，从有序上车，不抢座、不拥挤做起，从为有需要的人让个座位这样的小事做起。

（2）上车自觉购票，自觉投币或刷卡。随身准备好公交IC卡或零钱，以便上车时支付车资，也不会因在车上现场找零钞而影响后面上车的乘客，以免浪费大家的时间。绝不要逃票，逃票看起来在物质上是占了小小的便宜，省了几元钱，但却失去了一个人应有的品格。

（3）遇到有人给自己让座时应真诚致谢。遇到有人给自己让座时，不要一副心安理得的样子，也不要一再推辞，以免为让座的人带来尴尬。如果确实很快就到站了，应该礼貌地向对方说明，并微笑致谢。

（4）不要在公交车上高声谈笑或使用手机聊天，避免吃有刺激性气味的食品。首先应意识到这是个公共场所，凡事应关注到他人的需要，公交车的空间不大，人多拥挤，应避免高声谈笑或使用手机聊天，避免吃带有刺激性气味的食品，避免干扰他人。

（5）不要把手提包等放在空位上，以免影响他人就座。对于随身的行李，要妥善安放好，避免阻塞通道；对于个人的手袋等随身物品，不要放在临近的座位上，以免影响后上车的乘客就座；同理，上车后应主动向后门靠拢，避免阻塞通道，以免影响后面的乘客上车。

（6）行车过程中，应站稳、坐稳，避免与他人发生肢体碰撞。如果行车过程中，不小心踩了别人，应及时道歉；如果被别人碰撞了，也应表示谅解，与人为善。

（7）下车时，要等车停稳后才起身，有序下车，不要抢步拥挤。下车时应有序，对身边行动不便的老人、妇女、小孩应予以礼让。

2. 乘轿车的礼仪

（1）乘轿车的座次：一般认为，车上最尊贵的座位是与司机成对角线的后排右侧座位。一般以右为上，左为下；后为上，前为下。但视具体情况不同，对座次的排位也要做灵活的调整。

最常见的轿车座次安排通常是：

① 对于双排座的小轿车，如果由主人亲自驾驶，一般前排为上，后排为下，右为尊，左为卑（见图4-1）；如果由专职司机驾车，通常后排为上，前排为下，右为尊，左为卑（见图4-2）。

②对于多排座的中型轿车，无论由何人驾驶，均以前排为上，后排为下，右尊左卑。

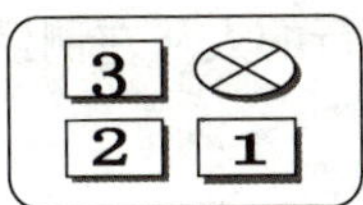

图 4-1　轿车座位排序 1
（驾驶员由接待方主人亲自担任）

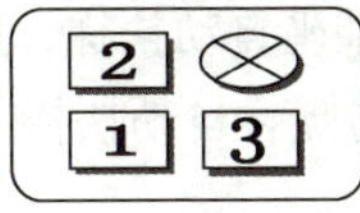

图 4-2　轿车座位排序 2
（驾驶员由主人的专职司机担任）

（2）上下车的次序：通常由尊长、来宾先上后下，年轻人或陪同后上先下；一般请尊者、来宾从右侧门上车；下车时，年轻人或其他陪同人员先下车，并协助尊长、来宾开启车门。遇特殊情况，比如女士的裙子太短、太紧，多有不便，不宜先上车，可请男士先上，此时，男士不必谦让。

（3）上下车的姿态：女士上车时，考虑穿裙装的特殊情况，不应采用一条腿先进，再伸进另一条腿的姿势上车，以免有失雅观。应采取背入式，即轻轻坐在座位上，然后再把双腿一同收进车内。下车时，双脚同时着地，然后身体离开座位。

（4）注意行驶安全：车内不应吸烟，不应听节奏较快的音乐，不应与驾驶者不断攀谈，以免分散驾驶员的注意力，更不应谈论交通事故之类令司机反感的话题。

二、使用电梯的礼仪

1. 等候与进入电梯

（1）在电梯口等候电梯时，注意不要挤在一起，或挡住电梯口，以免妨碍电梯内的乘客出来，应先下后上，不应争先。

（2）靠近电梯的人先上电梯，并应为后面上的乘客按住“开门”键；当出去时，靠电梯门口最近的人可以先下。男士、晚辈或下属应站在电梯开关处提供服务，并让女士、长辈或上司先行进入电梯，自己再随后进入。

（3）进入电梯后，应尽量站成“凹”形，以便为后上电梯的人留出空间；进入电梯后，正面应朝向电梯口，以免背对他人，免得造成尴尬。

（4）当电梯因超载发出报警声时，最后进入电梯的人应自觉退出电梯，改乘下班。

2. 乘用电梯

（1）即使互不相识，站在开关控制按钮旁边的人，也应该主动承担开关电梯的工作。

（2）乘用电梯时，尽量少说话，保持安静。最好不接听电话，以免令他人产生反感。

（3）因电梯空间较小，最好不要做较大幅度的动作。如果拎着肉类、鱼类等食品进电梯，则应事先包裹好，尽量放在角落，避免弄脏他人的衣服、鞋袜。

(4) 如果乘坐自动扶梯，应靠右站，以便让紧急通行的人从左侧经过。除紧急情况外，应尽量避免在自动扶梯上走动，以免发生危险。

3. 出电梯

(1) 依次出电梯，不要因为有急事，就不按顺序出电梯。

(2) 电梯如在升降途中因故暂停时，不要冒险强行打开电梯门，以免发生危险。

【行动指南】

乘坐地铁的礼仪

地铁是现代便利的交通工具，乘坐地铁应注意的礼仪：凭票乘车；严禁携带易燃易爆物品；严禁跳下站台；禁止在站、车内追逐打闹；禁止在站台、大厅、出入口、通道等处久留，禁止在出入口或平台上坐卧；禁止在地铁出入口及车站内存放物品，以免阻塞交通；禁止在站、车内表演，或擅自销售物品和发放宣传品；候车时禁止越过黄色安全线或倚靠屏蔽门；按线排队候车，先下后上；车门或屏蔽门开、关过程中，禁止强行上下列车；乘车时禁止挤靠车门。

三、使用卫生间的礼仪

公共卫生间是公众共享共用的设施，使用时应注意细节，以免为其他使用者带来不便。

1. 排队

如果卫生间已被占用，后来者应自觉排队，可以在洗手间最靠外处按先来后到排队。

2. 使用

洗手间应保持清洁、适用。如果有污染，应主动清洁或找清洁人员来进行处理。便后必须及时冲水，注意保持卫生间的清洁。

3. 离开

在无人排队的情况下，用完洗手间后，不必将厕所内门关好，应留下缝隙，以方便其他使用者。离开洗手间前，应清洁并擦干双手，对自己的着装、发型稍做修整，保持良好的形象，再走出洗手间。

【养心阅读】

人生有三件事不可俭省

毕淑敏

无论世界变得如何奢华，我还是喜欢俭省。这已经变得和金钱没有很密切的关系，只是一个习惯。

然而，人生有三件事不能俭省：

第一件事是学习。学习是需要费用的，就算圣人孔子，答疑解惑也要收干肉为礼。学习费用支出的时候，和买卖其他货物略有不同。你不知道究竟能得到多少知识，这不单决定于老师的水平，也决定于你自己的状态。谁也不能保证你在付出学费之后一定能考上大学，你只能先期投入。如果你不学习，学识永远不会出现在你人生的殿堂。

第二件事是旅游。每个人出生的时候都是蝌蚪，长大了都变作井底之蛙。这不是你的过错，只是你的限制，但你要想法弥补。要了解世界，必须到远方去。旅游的好处却不是一眼就能看到的，常常需要日积月累潜移默化的蓄积。有人以为旅游只是照一些相片买一些小小的工艺品，其实不然。旅行中我们的头脑在不同的风情的滋养下变得机敏和多彩。眼光因此独到，谈吐因此谦逊。

第三件事情是锻炼身体。古代的人没有专门锻炼身体的习惯，饥一顿饱一顿全无赘肉。生存的需要逼得他们不停奔跑狩猎，闲暇的时候，在岩壁上凿画，在篝火边跳舞，都不是轻体力劳动，积攒不下多余的卡路里。社会进步了，物质丰富了，用不完的热量成了我们挥之不去的负担。于是要通过锻炼身体，以保持最起码的力量和最基本的敏捷。

人生中三件不可俭省的事，需要我们付出时间。

——节选自毕淑敏《人生真实》

【自我训练】

（1）在日常搭乘公交车，使用电梯，使用公共洗手间时，自觉运用本课所学的礼仪规范知识，养成良好的行为习惯。

（2）思考一下：为什么生活中在诸如搭乘公交车，使用电梯，使用公共洗手间这些小事上，会有那么多不文明行为？把你的观点说出来，和同学们一起讨论、交流。说说你能为推动文明风尚做些什么。

自我训练与复习巩固

一、礼仪常识自测题

（一）多项选择题

1. 行走过程中应注意的礼仪细节有（　　）

A. 迎面有人走来，应主动向右侧躲避

B. 迎面有人走来，应主动向左侧躲避

C. 提着东西行走，一般用右手提，最好不要左右开弓，留意不要碰到别人

D. 在人多的街道上，不要多人并行，避免挡住后面的人

E. 横过马路应该走人行横道，在人行绿灯开启时方可过路

2. 观看演出、参加集会应该注意的是（　　）

A. 准时到达，可以稍微提前一点到达

B. 对号入座或在指定位置就座

C. 文明观看表演、认真聆听会议，适时鼓掌，不喝倒彩

D. 不打遮阳伞，以免影响后排观众

E. 演出或集会期间，尽量不走动，必要走动时，要注意尽量压低身体轻声离席，不要遮挡后排

3. 乘公交车应注意以下礼仪细节（　　）

A. 排队上车，不争抢

B. 自觉投币或刷卡，不逃票

C. 遇老、弱、病、残、孕及抱小孩的乘客，主动让座

D. 不在公交车上高声谈笑或用手机大声聊天

E. 不将手提包等行李物品放在身旁的空座上

（二）图形题

乘坐轿车的座次一般应视驾驶员身份不同而有所不同，请根据给出的条件，用1-3号标出乘客的座位次序。

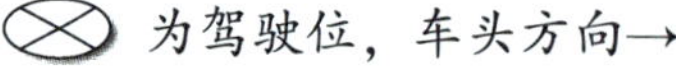

4. 你和父母去父亲的朋友张叔叔家玩，张叔叔开车送你们回家。

1号位是你父亲的位置；

2号位是你母亲的位置；

3 号位是你的位置。

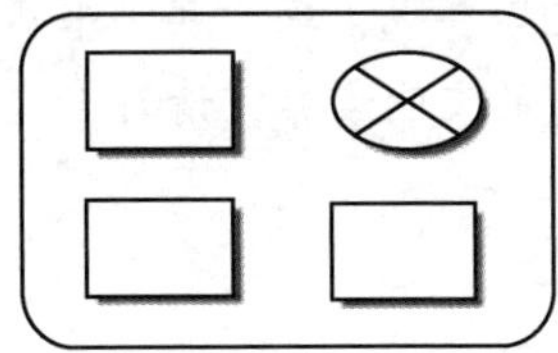

5. 你的好友小张和她的妈妈从外地来，你带他们乘的士游览市容。

1 号位是小张母亲的位置；

2 号位是小张；

3 号位是你的位置。

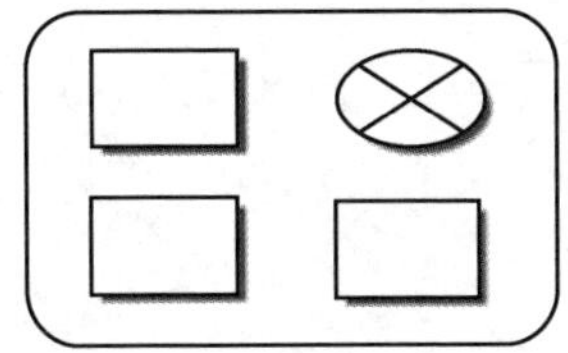

二、思考与辨识

为什么生活中在诸如搭乘公交车、使用电梯，使用公共设施这些小事上，人们会有那么多不文明行为？我们能为推动文明风尚做些什么？

三、行为训练

和同学一起去博物馆、展览馆参观，或一起去书店、图书馆，或结伴去公园里游玩，体验社会生活中我们应具有的文明素养，请写下这次活动的所见所闻所感。

第五章 职业生活礼仪

教学目标

价值目标： 建立责任感，提升行动力，培养职业意识。

知识目标： 掌握职场生活中的基本礼仪规范。

能力目标： 将礼仪的原则运用于实际职场生活中，建立良好的职业习惯。

——沟通尊重，合作共赢

第一节　求职面试的礼仪

【探索活动】

假设你已经完成了中职校内学习任务，现在要通过求职面试的方式，为自己寻找实习工作。请完成以下任务，为你的求职面试做些前期准备。

任务 1

根据个人所学的专业和个人特长、职业兴趣取向等确定求职目标。

任务 2

利用互联网查询由人力资源中心发布的相关招聘信息，就招聘信息中的任职条件与要求等内容与个人具体情况进行对比，确定求职单位与应聘职位。

任务 3

拟写一份求职简历，用 A4 纸规范打印。

完成以上任务后，请与你的同学分享本次活动的感受；同学间交换求职简历，进行互评，要求从招聘者的角度来审阅简历，给予评价。

现代社会中，人们往往通过求职面试的方式，在职场大舞台上，寻求属于自己的位置，从最初寻找个人职业生涯起点，到职业发展过程中逐步寻求更加适合自己的工作，为实现自我价值，充分施展个人才华，而寻找更理想的工作机会。成功的求职面试始于充分的求职前准备。此外，在面试过程中求职者所展现出来的仪表、仪态、举止、应对等无不反映出求职者的心理素质与情感态度，是影响求职面试结果的重要因素。

一、求职前的准备

凡事事前做好充分的准备，是一项基本的礼仪，这样既体现了对对方充分的尊重，也提高了自己办事的效率，可以说是一举两得。求职面试也不例外，要事先做好充分的准备。

1. 理性选择求职岗位

选择求职岗位时要将个人的求职愿望与个人的实际情况相结合来考虑；要将招聘

单位相应职位的任职条件与个人的实际情况进行对比，两者差距不能过大，要把求职岗位目标放在个人能力可以企及的范围内；衡量求职岗位的薪酬待遇时，不妨结合工作的发展空间和自我增值的学习机会来权衡考虑。经过成熟理性的思考后再选择求职岗位，将会为求职成功打下基础。

2. 全面了解求职单位相关信息

要主动搜集求职单位的相关信息，对单位性质、规模、在行业内的地位、管理规范化程度等要有所了解，对求职岗位的任职条件等信息要了如指掌。求职面试就如同一场“自我推销”，如果不了解“客户的需要”，不了解“客户的个性”，那么这场推销是无的放矢，是很难取胜的。

3. 认真准备求职简历

求职简历是招聘单位了解求职者信息的重要资料，简历要求简明、扼要、真实、准确，要力求通过简明的表达，给招聘者留下深刻而良好的印象。

中职生学习经历与社会实践经历都比较简浅，求职面试可以使用简明的表格式简历。简历中应系统地将个人的基本情况、受教育程度、技能与特长、社会实践经历、求职意向、个人简介等资料呈现出来。求职者还可以根据个人的特点为简历设计封面，以期引起招聘者的注意。

（1）简历的内容。

①个人基本情况，包括姓名、性别、出生年月、地址、电话、民族、政治面貌等。

②受教育程度，包括学历、具体学习经历（从中等学历以上写起），每段学习经历的起止时间、学校名称、专业名称、主修科目、学习上所获得的奖励与荣誉。

③技能与特长，包括考取的各种技能等级证书（如会计证、营销员证、网络管理员证、导游证、会展策划员证、茶艺师证等），外语水平（英语、日语等级），爱好与特长（包括音乐、体育等各方面的特长）。

④社会实践经历，包括在校参加军训、专业实习、寒暑期兼职工作经历，以及参加的其他社会活动（如青年志愿者义工活动等）。

⑤求职意向，写明自己的求职方向，列出求职岗位。

⑥个人简介，用一段文字进行自我介绍，使招聘者能够更全面、更深入地了解求职者。

（2）编写制作求职简历的基本要求。

①求职简历内容要真实，不可弄虚作假。

②求职简历内容要突出“经历”，招聘单位往往通过你的经历来了解你的能力水平、经验与发展潜力，因此对所学的专业、具有的技能、社会实践经历及从中获得的经验要进行重点表述。

③求职简历内容要简明，一页能表述清楚的就不要用两页的篇幅。

④求职简历最好采用 A4 纸规范打印，要整洁、美观；如果必须手写信息，则应采用规范字体书写，切忌填错资料、乱涂乱改，不要写错别字。

⑤学历证书、技能证书、获奖证书等复印件应附在简历后面作为附件。

⑥由于招聘者关心的是求职者是否具备拟聘职位所需要的相关知识、技能与综合能力，所以自我简介要紧紧围绕拟聘职位要求来写，尽量不使用鉴定式评语，语言要具有个性化，自我评价应尽可能客观、准确（见表 5-1）。

表 5-1 求职简历示例

<table>
<tr><td>姓 名</td><td>××</td><td>性 别</td><td>女</td><td>出生年月</td><td>1991. 9. 15</td><td rowspan="6">照
片</td></tr>
<tr><td>籍 贯</td><td>中山市</td><td>民 族</td><td>汉</td><td>政治面貌</td><td>共青团员</td></tr>
<tr><td>户口所在</td><td>珠海市</td><td>身体状况</td><td>良 好</td><td>学 历</td><td>中职</td></tr>
<tr><td>身份证号码</td><td colspan="3">××××××××××</td><td>联系电话</td><td>××××</td></tr>
<tr><td>联系地址</td><td colspan="3">珠海市吉大景山路××号
××栋×××室</td><td>邮政编码</td><td>519000</td></tr>
<tr><td>求职意向</td><td colspan="3">会展策划助理、会展服务员（实习）</td><td>兴趣爱好</td><td>写作、阅读</td></tr>
<tr><td>学习经历</td><td colspan="6">2007. 9. 1—2009. 6. 30 就读于珠海市第一中等职业学校会展管理与服务专业
主修科目：会展接待与服务、会展策划、市场营销、服务礼仪、前台服务、餐饮、茶艺</td></tr>
<tr><td>专业技能</td><td colspan="6">考取了会展策划员证、澳门前台接待员证、茶艺师证、英语二级证、计算机一级证</td></tr>
<tr><td>专业实践</td><td colspan="6">2008 年在学校的安排下参加了国际航空航天博览会的现场接待服务的工作；在校期间曾参与策划了校内多项大型活动，如校技能节、校激励表彰大会等，并负责具体的会务服务工作，取得了较好的效果</td></tr>
<tr><td>担任工作</td><td colspan="3">担任学生会主席、本班班长工作</td><td>所获奖项</td><td colspan="2">三好学生、优秀学生干部</td></tr>
<tr><td>个人综述</td><td colspan="6">本人在校期间认真学习专业知识，对所学专业产生了浓厚的兴趣，主动争取各种专业实习的机会，在会展策划与接待工作实操中，运用所学知识，积累实践经验，锻炼提高自身的能力。通过参加校学生工作，使我体会到要出色完成工作任务，不但要有完美的策划，还要有团队成员的默契配合才能将每个工作细节做好，团队合作会带来超越任何个人的强大能力。所以，我希望能够加入会展公司的专业团队，成为其中的一员，虚心向上司与同事学习，与他人合作，与自己竞争，用我的勤奋与努力为公司创造价值</td></tr>
</table>

二、面试时的礼仪

1. 面试前的准备

（1）面试用品准备：文件夹（可以平整地摆放 A4 纸资料）、简历与相关证件（包括身份证、学历证书、技能证书、获奖证书等的正本及复印件）、笔记本（用于记录面试单位、地址、联系人等基本信息，随身携带，方便查用，同时也可用于记录面试过程中需要留下的信息）。此外，还应备好签字笔，确保笔书写流畅，不漏墨。

（2）个人形象准备：作为中等职业学校的学生，着装、发型等仪表细节要符合学生仪表规范，展示出中职生健康、青春、向上的精神面貌，不要做与个人年龄、角色不相称的修饰。

面试时的着装要符合求职者身份，给人以干净利落的职业化形象。学生在校内参加实习面试时，应以整洁的校服为得体着装；参加专场的招聘会时，也可以穿着大方的职业装，如男生也可选西裤、衬衫、皮鞋的搭配，一般选择深色西装、白色衬衫、黑色皮鞋，选配深色袜子（如深灰、深蓝、黑色）；女生可选连衣裙、职业套裙或套装，还应考虑求职的具体岗位对着装的相应要求。

面试时的着装式样要避免过于前卫，女生要避免穿着紧身衣，超短裙，鞋跟过高、过细的皮鞋或凉鞋，避免穿着凉拖鞋参加面试，丝袜以肉色为宜，可以化淡妆，不宜佩戴首饰。

【行动指南】

面试前个人仪表准备：保持头发清洁，注意自己的发型和发色，避免怪异发型和发色；找出合适的服装，面试前一天检查好服饰的细节（如扣子等要避免松脱）并将衣服熨烫平整；准备合适的鞋子，搭配合适的袜子，注意鞋袜颜色、款式与服装相协调；提前把鞋擦干净；提前修剪好指甲；男士剃须。

2. 面试过程中的礼仪

（1）守时：比预定的时间提前 10 分钟到达面试场地，稳定情绪，准备参加面试；切忌缺席与迟到，守时是现代职业人必备的职业素质，迟到在职场中往往被看做缺乏责任心、事业心和上进心的表现。

（2）等候：等候面试的过程中，要注意个人姿态，切忌左顾右盼，要知道你所面对的公司职员，他们每一个都会对你有一定的印象与评价，可以说他们个个都是“考官”。

（3）进门：任何情况下，进门前都要先敲门，敲门力度要适中，要有节律；可询问“请问，我可以进来吗”，待对方做了肯定的回复后方可入内；开门、关门都要轻。

（4）问候与递交简历：向考官微笑、致意、问好，随即表明自己的身份与来意，如说“您好，我是珠海市第一中等职业学校的应届实习生，×××。我所学习的专业是×××。这是我的求职简历，请您过目”；递上简历，注意要双手递交，简历的文字方向正面朝向对方。

（5）入座：在考官示意可以就座前，不要坐下，避免给人留下莽撞的印象；站立要有型，一般待听到“请坐”后，方可落座；入座时要稳重、大方，避免拖动座椅发出声响；入座后双膝一般并拢为宜，双手自然摆放在膝盖上。

（6）目光与表情：面试过程中表情要自然，面带微笑，表现出积极、乐观的精神状态；不要流露出倦容，面试前一天一定要保持充足的睡眠；面试过程中应保持和考官的目光接触，回答问题不要回避对方的视线，不要低头、不要经常皱眉，不要神情木讷、毫无表情，不要左顾右盼，给人以不够坦诚的印象；也不要一直注视着考官，显得欠缺礼貌。

（7）聆听与对答：认真聆听考官的问题，给出明确的回答，即使遇到自己不熟悉或不了解的问题，也不要回避，不要拖延，更不要沉默不语，要坦诚而恰当地回答。对自己的求职愿望、个人能力、经验等核心问题要相对详细地作答。对答过程中，要避免过多地使用口头语，如“这个……那个……啊……呃”等，避免夸夸其谈，避免手舞足蹈，务求在考官心目中建立起诚实可信的印象。除了要认真聆听考官说的每一句话之外，还要注意观察考官表情的变化，准确地判断考官问话的意图和态度的倾向性。

（8）保持注意力：在面试过程中，如果遇到考官临时需要处理公务，如接听一个业务电话，紧急处理一份公文等，此时，看起来面试暂时中断了，但事实上却正是对方考察你的好机会。切不可放松注意力，出现各种习惯性的小动作，如抓耳挠腮、晃动肢体等，也不要窥视考官办公桌上的文件、笔记等资料。

（9）面试结束：当考官示意面试结束时，求职者应该向考官表示感谢，起身将座椅放好，并向考官道别。注意不要一结束面试，就露出如释重负的表情，走出考场就大声和同伴交谈，因为这样会给人留下不够稳重的印象。

【课堂实训】

模拟求职面试

学生每 4 人一组：一人扮演考官，一人扮演求职者，两人观摩，然后轮换角色。

根据求职者简历中的求职意向来确定招聘职位等背景信息；从敲门进入面试考场开始进行模拟演练，模拟后进行小组评议，写下简要评语，给出综合评定成绩（优、良、待改进），由科代表和任课老师予以复核（见表 5-2）。

模拟面试题：

(1) 请你先简单介绍一下自己。

(2) 你想求得什么职位？为什么你想从事这份工作？对这份工作有哪些了解？

(3) 你在学校学习了哪些相关知识？具有什么相关的职业资格？

(4) 你都做过哪些实习工作？参与了哪些社会实践？

(5) 说说在工作中给你留下深刻印象的事，以及你在工作中有哪些收获？

(6) 你为什么想加入我们的公司？你为什么认为自己能胜任这份工作？

表 5-2　模拟求职面试实训评价表

项目	考官评价	自我评价	观摩者 A	观摩者 B
站、坐、走				
目光与表情				
进门、递简历				
聆听与对答				
致谢、离席				
评价等级				
综合评定				

第二节　报到上班的礼仪

【情景模拟】

假设你已经通过了求职面试的考验，成功地被公司录用了。今天是你报到上班的第一天。请演示一下你报到上班前应做哪些准备，你去公司报到上班时具体该怎么做。

以小组为单位进行模拟，一位同学扮演新员工，一位同学扮演公司人事部职员，一位同学扮演新员工所在部门主管，一位同学扮演新员工所在部门的同事。自备道具，自拟情景进行模拟，同学相互评议并思考以下问题：

1. 报到上班前应做哪些准备？
2. 报到上班时应该注意哪些礼仪细节？

走向实习岗位，是中职生踏入社会的第一步，是学生职业生涯的起点。尽快适应从学生到职业人的角色转换，以现代职业人的标准严格要求自己，从每件小事做起，从每个细节着手，从而塑造自己良好的职业形象，展现自己良好的职业素养，是职场发展的关键。

报到上班是职场生活第一天的第一件事，也是树立个人职业形象，为他人留下第一印象的时刻，每个细节都不容忽视，要提前做好准备，现场做好应对。

一、报到上班前的准备

1. 准备物品

（1）提前准备好上班要用的办公用品，如包、笔、笔记本、报到资料等。

（2）提前准备好职业装，考虑好色彩搭配，全身上下不超过 3 种颜色为宜；检查好纽扣等细节，如果有松脱现象要及时修补；女士穿着裙装时要备好备用的袜裤，以免脱线等不雅现象发生。

2. 养成凡事提前准备的良好职业习惯

（1）养成每晚睡前检查个人次日要用的服装、物品的习惯。睡前花几分钟时间提前为第二天的工作做好准备，这样次日工作会更顺利。有准备的员工第二天做起事来，会沉着冷静，信心十足；没有准备的员工，会显得焦躁不安，手足无措，当天的心情都会受影响。

（2）养成按时作息、规划管理时间的习惯。遵守时间是职场铁律，也是讲信用的表现，是优秀员工必备的职场操守，无论是上班、开会，还是赴约，都要遵守时间的约定。为做到准时上班，不迟到，最好养成按时作息的习惯，保证8小时睡眠，睡眠充足了，早上准时起床就不困难了。再把时间预计好，设定好闹钟，按时起床，整顿自己，享用早餐，从容地为自己新一天的工作做好准备。

（3）养成提前选择上班线路、交通工具，做好个人交通规划的习惯。上下班时段正是道路交通繁忙时段，如果用想当然的方式估算时间，就很可能会因为交通原因而迟到。对于新单位，更要提前选择好上班线路，避免因不熟悉道路而迟到；要选择好交通工具，如搭乘公交车则应选择好车次，最好选择比刚刚好不迟到的班次提早1~2个班次的车，这样即使遇到车次延迟也不会迟到。

二、报到上班时的礼仪

1. 报到上班时要亲切地向领导与同事问好，以期建立良好的工作关系

初入职场，新员工往往对身边的环境、身边的人都感到陌生，有的新员工会显得特别害羞，甚至不敢与身边的人主动交谈，这样对建立良好的工作关系是不利的。应该养成逢人问好的良好习惯，见到领导与同事都亲切地微笑问好，表示愿意与他人友好合作，这样能够帮助自己更快地获得团队成员的心理认同。

平日工作中，一句“早上好”就是打破从上次见面到这次见面间的停顿状态，重新连接同事关系的信号。一句“早上好”，暗示着你已经忘记了昨天工作中曾有的不愉快，愿意以友善的态度开启新一天。养成笑脸迎人、逢人问好的习惯，是职场交往的润滑剂。

2. 办理报到手续时要细心，与同事交流要礼貌，给人留下良好的第一印象

到相关部门报到时，应清楚地进行自我介绍，并提交个人资料，逐项办理相关手续（如领取员工证、工作服等）；办理每项手续时都应该核查细节，避免有所遗漏、给人留下丢三落四的不良印象；对不了解的事项应主动询问清楚，询问语宜使用“请问……”等礼貌用语；办完手续后应向为你办理入职手续的老员工表示真诚的感谢；当被介绍给同事时，应该行点头礼或鞠躬礼（鞠躬15°），热情地向他人问好，并表示愿意向同事们学习，很高兴加入这个团队等积极的态度。办理报到手续的流程并不复杂，在这个过程中，你与相关同事的每一个交往细节，都将给对方留下第一印象。

3. 进入自己的工作区间，要保持良好的物品摆放秩序，使一切井井有条

进入自己的工作区间（如办公室、自己的办公台所在的空间区域），要创造并保持良好的物品摆放秩序。摆放的原则是方便工作。例如将电话放置在自己的左手边，方便左手持电话接听，右手做电话记录，故此，一般还要在右手边放置便笺纸与笔；

一般电话附近不摆放水杯、墨水瓶、花瓶等，避免在接听电话时不小心打翻，引起尴尬……

保持工作区间整洁有序，便于提高个人的工作效率。办公桌杂乱无章，不是显示你有多忙碌，而是显示出你工作无序。杂乱的办公桌会给你增添很多烦恼，例如文件没有分类摆放，导致寻找文件需要很长时间，给人留下办事能力低的不良印象；相反，有的员工办公台面物品摆放有板有眼，一看就知道他是个工作严谨高效的人。不管有多忙，都要养成每天清理办公区间的习惯，保持物品摆放有序。

办公台面同时也是你的另一张“名片”，除根据工作需要对物品进行科学摆放外，也可以适当放置一点儿个性化装饰物。例如有的员工喜欢在案头放一盆小小的植物，并长期保持它郁郁葱葱的状态，可以看出这个人稳重，有责任心，做事有耐心……但是，要注意办公桌是工作用的，不要在上面摆放卡通玩具、家人照片等过于私人的物品，给人以用心不专的感觉。

【行动指南】

融入工作团队，做个受欢迎的新同事

作为职场新人，首先要从心理上融入工作团队。加入一个新的团队，最重要的不是去找与他人的“不同点”，而是去找与他人的“共同点”，让自己接纳自己是集体中的一员，是工作团队中的一分子的事实，主动融入团队生活之中。有的新员工入职时戒备心过强，自己给自己设置了重重心理壁垒，从心理上把自己隔离于团队之外，总是把注意力锁定在与他人的差异上，对一些小事耿耿于怀，为自己与他人的正常交往与合作设置了重重障碍，这样做不仅会使自己感觉不快乐，而且也会严重影响自己团队的合作性，影响自己的职业发展。

其次，在工作着装、职业行为风格等方面，要尽快向团队风格靠拢，使自己的仪表形象与工作行为都符合所在行业的要求，让人一看就知道你是干哪一行的，做事像那一行职员的样子。心理学家指出，人们都容易有相似相惜的心理，当对方发现你有着和他共同的感受、相似的思维和行为方式，你们有着共同的兴趣、爱好或其他相似点的时候，就容易产生思想上的共鸣了。因此，在加入新的工作团队时，要注意在自己的仪表、职业行为风格等方面保持与整个团队的基本一致，这样才会易被团队成员接纳。

此外，在工作中要少说多做。刚刚进入职场，对许多工作都还不熟悉，可能会遇到许多不知该如何处理的事情，这时一定要有勤学好问的好习惯，多向老员工请教，多观察，多分析，多思考，工作中少说多做，要实干。

【自我训练】

（1）假设你被录用为一公司的文员/业务员，报到上班后，你需要布置一下自己的办公台。请利用家里的写字台做道具，布置你的办公台，并为你的布置拍照留念，各学习小组以小组为单位制作 PPT 与全班同学交流分享。

（2）以小组为单位，进行报到上班的模拟训练，小组成员间给予互评。一位同学扮演新员工，一位同学扮演人事部职员，一位同学扮演新员工所在部门主管，一位同学扮演新员工所在部门的同事，然后角色互换，进行模拟并结合上项练习（布置办公台面）对各人给予评定，写下简要评语，给出评定等级成绩（优、良、待改进），最后由组长综合评定成绩，科代表及任课老师予以复核（见表 5-3）。

表 5-3　模拟报到上班实训评价表

项目	自我评价	人事部评价	部门主管评价	部门同事评价
仪容仪表				
目光与表情				
语言交流				
肢体语言				
态度印象				
台面布置				
评价等级				
综合评定				

【养心阅读】

铅笔的原则

李洪花　译

铅笔即将被装箱运走，制造者很不放心，把其带到一旁跟它说："在进入这个世界之前，我有 5 句话要告诉你，如果你能记住这些话，就会成为最好的铅笔。"

(1) 你将来能做很多大事，但是有一个前提，就是你不能盲目自由，你要允许自己被一只手握住。

(2) 你可能经常会感到刀削般的疼痛，但是这些痛苦都是必需的，它会使你成为一支更好的铅笔。

(3) 不要过于固执，要承认你所犯的任何错误，并且勇于改正它。

(4) 不管穿上什么样的外衣，你都要清楚一点，你最重要的部分是在里面。

(5) 在你走过的任何地方，都必须留下不可磨灭的痕迹，不管是什么状态，你必须写下去。要记住，生活永远不会毫无意义。

——摘自《上海教育》2008 年第 3 期

第三节　接受工作指令的礼仪

【思考与辨识】

首先让我们来回顾一下平日校园生活中我们接受指令的实际情况，看看我们自己对于老师布置的工作指令通常有什么反应。再思考一下，这样的反应反映出什么样的心理，我们应该如何接受工作指令。

情景模拟：来自老师的工作指令。

老师布置任务：同学们，下周一办理报考专业技能等级证的手续，请大家准时上交大一寸红底免冠证件照两张。

学生的反应：

A类回答（部分同学）：好的，我知道了，今天就去照相，一定准时交。

B类回答（另一部分同学）：啊？（声音拐弯上扬？）不要啦，好麻烦！
老师，我有小一寸的行不行啊？
老师，蓝底的行不行啊？星期二交行不行啊？

自测一下：你会给出A类答案，还是B类答案？

思考与辨识：你认为应该给予什么样的回应？为什么？

为什么在平日校园生活中，会出现类似B类的答案呢？

无论是在平日的校园生活中，还是在未来的职场工作中，我们都要意识到自己要通过和老师/领导、同学/同事的合作，才能完成一项项学习任务与工作任务。在这些学习任务和工作任务的背后，有着我们共同的目标，我们要通过彼此的合作，来达成这些目标，以期获得双赢和多赢的效果。正确认识工作任务、工作指令所要达成的目标，将自己的个人目标和团体目标相结合起来考虑，破除本位主义，消除怠惰思想，建立团队合作意识，是接受工作指令、出色完成任务的前提。

一、接受工作指令时应关注的信息

1. 应关注完成任务的具体时限、数量、质量要求

这3项信息是工作指令的核心，是我们在接受指令时应第一时间弄清的信息。

如果领导明确指示你去完成某项工作，那你可以应用最简洁有效的方式弄清领导的工作意图和重点，可采用传统的“5W2H”法对工作要点进行记录，即完成任务的时间（when）、地点（where）、谁执行（who）、完成任务所要达到的目的（why）、需要做什么工作（what）、怎样去做（how）、需要多少工作量（how many）。

2. 应关注自己是否具有完成任务所需要的资源及是否需要他人的协作

如果一项工作需要与同事合作完成，要明确合作者是谁，责任分工是什么。

如果一项工作超出了你的权限范围，需要公司给予资源协调，就应及时提出。

二、接受工作指令的礼仪

（1）对上司的召唤要即时有回应，拿出笔及笔记本准备好记录要点。

（2）认真聆听上司的工作指令，记录要点，予以重复确认。

（3）对不理解的项目要简要询问清楚，特别是要弄清完成任务的时限、数量、质量要求。

（4）做出清晰的承诺，向上司告辞后，待上司许可方可离场。

【行动指南】

接受工作指令——确认与商讨

例如：领导要求你完成一份关于H公司的团体保险计划，你应该根据自己的记录，向领导复述并获取领导的确认。“经理，我对这项工作的认识是这样的：为了增强我们公司在团体寿险市场的竞争力（why），您希望我们团险部（who）全力以赴（how）于下周四之前（when），在H公司总部（where）和他们签订关于员工福利保险的合同（what），您看一下有没有什么遗漏？”

如果领导认可了你关于任务目标和基本情况的表述后，你可以进一步拟订详细计划。领导下达工作指令后，一般比较关心下属对完成该任务的解决方案，希望下属能够对该问题有一个大致的思路。所以，作为下属，在接受工作指令后，应该对该项工作任务有个初步的认识，积极开动脑筋想办法，告诉领导你的初步解决方案，征询领导的意见；同时，对工作可能出现的困难也要有充分的认识，对于超出自己职责与能力范围的工作，应提请领导协调其他部门共同加以解决。与领导商定基本工作思路与大体步骤后，还应尽快拟订具体的工作计划，特别对具体工作时间进度给出明确时间表，以便领导进行监控。

三、接受工作指令后要切实完成任务

接受工作指令的礼仪不仅体现在接受指令的当下、你所做出的适当回应里，还体现在你接受指令之后，是否切实完成任务，兑现自己所做出的工作承诺。

【养心阅读】

创　造

周国平

生活质量的要素：一创造，二享受，三体验。

其中，创造在生活中所占据的比重，乃是衡量一个人的生活质量的主要标准。

如果要用一个词来概括人类精神生活的特征，那么，最合适的便是这个词--创造。所谓创造，未必是指发明某种新的技术，也未必是指从事艺术的创作，这些仅是创造的若干具体形态罢了。创造的含义要深刻得多，范围也要广泛得多。人之区别于动物就在于人有一个灵魂，灵魂使人不能满足于动物式的存在，而要追求高出于生存的价值，由此展开了人的精神生活。大自然所赋予人的只是生存，因而，人所从事的超出生存以上的活动都是给大自然的安排增添了一点儿新东西，无不具有创造的性质。正是在创造中，人用行动实现着对真、善、美的追求，把自己内心所珍爱的价值变成可以看见和感觉到的对象。

获得精神快乐的途径有两类：一类是接受的，比如阅读、欣赏艺术品等；另一类是给予的，就是工作。正是在工作中，人的心智能力和生命价值都得到了积极实现。

创造力无非是在强烈的兴趣推动下的持久的努力。其中最重要的因素，第一是兴趣，第二是良好的工作习惯。通俗地说，就是第一要有自己真正喜欢做的事，第二能够全神贯注又持之以恒地把它做好。在这个过程中，人的各种智力品质，包括好奇心、思维能力、想象力、直觉、灵感等等，都会被调动起来，为创造作出贡献。

一个画匠画了一幅毫无灵感的画，一个学究写了一本人云亦云的书，他们都不是在创造。相反，如果你真正陶醉于一片风景、一首诗、一段乐曲的美，如果你对某个问题形成了你的独特的见解，那么你就是在创造。

每个人生活中最重要的部分是自己所热爱的那项工作，他借此而进入世界，在世上立足。有了这项他能够全身心投入的工作，他的生活就有了一个核心，他的全部生活围绕这个核心组织成了一个整体。

——节选自周国平《人生哲思录》

【课堂实训】

分小组进行接受工作指令的礼仪训练，并由老师随机抽小组进行课堂测试。一名同学扮演上司，一名同学扮演下属，另外两名同学观摩，给予评价意见。写下简要评语，给出评定等级成绩（优、良、待改进），最后由组长综合评定成绩，科代表及任课老师予以复核（见表 5-4）。

表 5-4　接受工作指令实训评价表

项目	自我评价	上司评价	观摩 A	观摩 B
仪容仪表				
立即回应				
记录要点				
询问细节				
重复要点				
表情与体态				
承诺与告辞				
评价等级				
综合评定				

【自我训练】

对自己在校园生活中接受并完成来自老师及学生干部的工作指令（含完成老师布置的作业）的具体情况加以记录，记录不少于 3 项，邀请你的同桌做你的督导天使，对你的训练情况给予中肯的评价（见表 5-5）（分为优、良、待改进 3 个等级）。

表 5-5　接受指令完成任务训练评价表

序号	任务布置人	任务质量、数量要求	完成时限	完成情况	自评	互评
1						
2						
3						
综合评定						

第四节　报告与请示工作的礼仪

【情景模拟】

在日常工作中，对于领导交代的工作，要及时将完成情况向领导报告，让领导对于工作的进度及完成情况心中有数；工作进程中，如果遇到超出自己权限的问题，就应及时向领导请示，以便及时、恰当地解决问题，有效地完成任务。

请就以上两个情景做出模拟，一位同学扮演部门经理，另一位同学扮演下属员工，具体工作任务自拟。其他同学进行观摩，给予具体评议，并就以下问题做出讨论：

(1) 报告与请示工作有什么不同？

(2) 向领导报告工作应该注意什么？

(3) 向领导请示工作应该注意什么？

一、养成主动沟通工作的职业习惯

当我们接到上司的工作指令后，要努力按时、按质、按量完成工作。在工作进程中还应及时向上司报告工作进展情况，尤其是上司交代的工作需要多日才能完成时更应进行进程报告，以便让上司了解工作进度，对进程中的一些细节给予进一步的指示和指导。积极主动的沟通，可以使工作更顺畅，也给他人留下工作负责的印象，可以使领导对你的工作更放心。如果是同事拜托你办理的事项，而且需要多日才能完成，你也应该在进程中向同事说明进展，让对方能够了解情况。这正体现出你对工作负责任的态度和为人讲信用的良好品德。

若工作任务超出了自己的权限，需要上司定夺，则不要擅自作主张，应该向上司说明情况，及时请示工作。进程中，如果上司征询你的意见，你可以提出建议，但注意决定权在于上司，对上司的最后决定，要予以切实贯彻执行。养成主动沟通工作的良好习惯，会减少许多管理的摩擦，减少重复劳动，提高工作效率。

二、报告和请示工作的原则

1. 知情权原则

对于需多日才能完成的工作，工作进程中，要向上司就工作进度做出报告；上司交代的工作，无论需时多少，一旦完成任务，就应立即向上司报告，让上司心中有数。在工作中，要尊重上司的知情权。

2. 决断权原则

工作进程中如果碰到问题、自己解决不了的困难，或发现任务超出自己的权限时，应向上司汇报情况，请示工作，而不要擅作主张。在工作中，应该对个人的责权范围有清楚的认识，对于超权限的工作，要尊重上司的决断权。

三、报告工作的礼仪

1. 掌握要报告工作的时机

当工作取得阶段性成果，发生特殊情况，工作比预定时间要延长，预料到不良结果，或出现违反常规运作的情况时，都需要向上司及时汇报。

2. 汇报内容要翔实，条理要清晰

汇报前要做好充分的准备，汇报内容要真实准确，根据需要准备好数字、实物、图表等佐证材料，一般按“结论—理由—过程”的顺序进行汇报，有利于上司快速掌握重点信息。

3. 根据个人心理倾向性，选择适当的汇报方式

心理学家研究发现，人们接受信息时，大体有 3 种倾向：倾听型、阅读型、混合型。工作中，最好能通过观察了解你上司的性格的类型，根据上司的心理倾向性，选择适当的汇报方式。

如果他喜欢倾听，那么你适合于选择口头汇报的方式。汇报要抓住要领，条理要清晰，要简洁明了。如果他是属于阅读型的，那么你最好先写出完整的书面报告，在报告上附上一份提纲或摘要，以便节省上司的时间，便于获取要点信息。当上司需要时，会再找你当面交流，到时你再进行口头汇报。混合型的上司既喜欢当面交流，又喜欢阅读材料，那么书面汇报、口头汇报都可以，这取决于当时的条件。

4. 根据上司的工作习惯，确定汇报工作的具体时间

除特别紧急的情况外，一般汇报工作最好能选取上司比较空闲的时段进行。在日常工作中，观察上司的工作习惯，了解上司什么时段一般不希望被打扰，什么时段希望听汇报，与下属讨论工作，并据此确定汇报工作的具体时间，这有助于提高沟通效果。

5. 汇报工作要重点突出

上司关注的是结果，汇报工作时应首先将工作结果用最简练的语言讲清楚，而不要先解释各种原因。汇报其他各个环节时也要主题明确、简洁、有条理，不要做过多的解释。过多的解释，往往给人留下强调客观原因，或总在为自己找借口开脱的印象。如果上司对某一点非常关心，他会详加询问的，此时宜做具体的解释，以便上司掌握情况。

6. 虚心接受领导的工作指导

汇报完工作之后，上司一般都会就工作提出一些改进意见，这并不意味着上司不认可你的工作成绩，只是希望你能以精益求精的精神开展工作，不断有所提高。有的人在汇报了工作后，以为一定会获得上司的赞扬与嘉许，对上司提出的指导意见，不但听不进去，而且顽固地坚持己见，给人留下自负固执的印象。其实，汇报工作并聆听上司的意见，是一个很好的学习机会。上司拥有丰富的工作经验，会诚恳地向你提出建议，帮助你看到自身的不足，帮助你寻找解决问题的不同途径与方法，为你改进工作创造了有利条件，当加倍珍惜。

7. 完成工作后的总结汇报要全面

当工作完成后，应及时进行总结汇报，总结成功的经验，检讨过程中存在的不足，找出解决问题的方法，不断改进提高。要记住，总结汇报工作时，工作的顺利完成往往不是你一个人的功劳，是团队合作的结果，对于在工作进程中给予你指导的上司和工作中给予你帮助的合作伙伴，应致以真诚的感谢。

四、请示工作的礼仪

1. 请示工作一般应具有的条件

工作中遇到超越自己权限的任务时，应向领导请示。工作中发生了新情况，又无章可循，需要上级明确指示方可办理时，应及时请示。两个或两个以上部门协同工作，出现意见分歧，无法统一，工作难以开展时，应向上级请示，请上级裁决。事关重大，为防止工作失误，应及时向领导请示。

2. 请示工作要客观表述且简明扼要

请示工作时，要能准确表达请示的理由，对工作情况的表述要客观，实事求是。此外，语言务求简明扼要。

3. 请示工作时应提出至少两种解决方案

请示工作不等于把问题推给领导去解决，有的下属向领导请示工作，只讲请示的理由和工作情况，把问题直接抛给领导，自己就等着领导给指示，这种做法是非常不妥当的。向领导请示工作前，应至少想好两个解决方案，在请示时诚恳地提出来，要对两个方案的优劣进行分析，以谦虚的态度请领导予以决定。

你所提出的两个方案，可能不够全面，可能经过讨论采用的是两个方案综合后形成的第三个方案。但，你所提出的方案，一定程度上为领导的决策提供了参考。领导也能从这个过程中，考察你的思维和能力，能够给予你必要的指导。

也可能，你因为受个人经验不足的影响，受个人视野和所享有的资讯不足所限，提出的两个方案都是错误的。但这也不要紧，关键在于你根据情况尝试做出思考，努力提出解决方案。领导可以通过你的方案，了解你的不足，给予你适时的指导。

一般来说，在请示工作时，能够提出解决问题的方案供领导参考，反映出员工的主动性和创造性，这种做法是会受到领导认同的。

五、请示与报告工作的基本态度

向领导请示与报告工作时应做到尊重而不吹捧，请示而不依赖，主动而不越权。

1. 尊重而不吹捧

作为下属，要尊重领导，维护领导的权威。对于领导的工作要尊重、支持与配合。在难题面前要帮助领导解围，有时领导处于矛盾的焦点，下属要主动出面，协助化解矛盾；但是，与领导的沟通中，不要阿谀奉承。

2. 请示而不依赖

一般来说，员工在自己的责权范围内大胆负责，创造性地开展工作，是值得倡导的，也是领导所欣赏的。在工作中，下属不可能事事请示，如果连属于你责权范围内的工作，你都无法决断，遇事没有主见，往往说明你不能胜任目前的工作。但是，对于超越你职权范围的工作，你不可以妄自决断，应该请示的要及时请示。在工作中，这个尺度一定要把握好。

3. 主动而不越权

对于工作，要积极主动，有所承担。对于工作中遇到的问题，要善于思考，适时提出建设性意见，不能唯唯诺诺、人云亦云。在与领导沟通工作时，有两种错误的做法：一是领导说什么是什么，叫怎样就怎样，工作做得好坏对自己来说没有什么责任，都是领导的决定，我只负责执行；二是阳奉阴违，自负清高，对领导的工作意图和思路没有深入了解，就自认为自己比领导更有远见卓识，对于领导的指令不落实，甚至表面应允一套，背后另做一套，兜圈子。作为下属，积极主动、大胆负责都要基于自己的责权范围。在讨论工作时，可以鲜明地提出个人的想法，一旦形成决议，则无论个人是否认同，都要坚决予以贯彻落实。这是职业理性，否则一个团体若各自为政，将无效率可言。

【课堂实训】

分小组进行报告与请示工作的礼仪训练，并由老师随机抽小组进行课堂测试。

一名同学扮演上司，一名同学扮演下属，另外两名同学观摩，给予评价意见。写下简要评语，给出评定等级成绩（优、良、待改进），最后由组长评定综合成绩，科代表及任课老师予以复核（见表 5-6）。

表 5-6　报告与请示工作实训评价表

项目	自我评价	上司评价	观摩 A	观摩 B
仪容仪表				
进程报告 要点突出				
请示工作 提出两方案				
表情与体态				
评价等级				
综合评定				

情景：上司日前布置了一项工作任务，进程中需对上司做进程报告，同时该项工作有些具体事宜超出了自己的权限，需要向上司请示。具体工作任务和所遇到的问题由各组自行设定。

【自我训练】

在校园生活中，我们要完成班级布置的各项任务，请应用所学知识，在完成任务的进程中，向任务的总负责人做进程报告。当工作中遇到超越个人权限或不能自行决定的情况时，向总负责人请示工作。完成工作后，做工作报告。邀请与你参与同一任务的伙伴，对你的训练情况给予中肯的评价。

第五节 组织与参加会议的礼仪

【情景模拟】

让我们来模拟一下平日校园生活中我们组织会议及参加会议的情况。由一个小组进行情景模拟，一位同学扮演会议的组织者，3 位同学扮演会议的参与者。会议的组织者将组织一次班委会议，议题是“如何开展好班级自主管理”，会议时间、地点、议程等都由会议组织者策划安排。请演示会议组织及召开的过程。

思考：组织会议和参加会议分别应注意哪些礼仪细节？

在企业日常工作中，根据工作的实际需要，会召开各种工作会议，用以沟通工作信息，讨论并制定决策等，如年初的工作计划会议、日常工作沟通会议（包括月例会、周例会等）、专项工作结束后的工作总结会，以及年度、季度或月度的工作总结会等。为提高会议效率，会议的组织者和参与者都要注意相关的礼仪细节。

一、组织会议的礼仪

组织会议的目的是讨论工作和解决问题，会议组织工作要以效率为导向。实际操作中，要注意以下细节。

1. 提前通知并确认

根据会议目的与主题，确定召开会议的具体时间、地点等，并提前通知与会者。要将会议的议题、议程提早通知与会者，以便提前做好准备。

发通知之后，应逐一与与会者确认，确保每个应到会的人都及时通知到。会前 30 分钟最好能提醒一次与会者，对临时有急事不能参加会议的人员要事先了解清楚，并立即向会议组织部门领导反映，使会议负责人在会前能了解缺席情况，也给会议负责人一个确定对方是否必须参加会议的考虑时间。

2. 提前准备，精细准备

提前确定并布置好会场，给会场通风，清洁场地，准备好会议所需设备，一般主要包括电脑、投影仪、麦克风、白板等设备，安排好座位，备好饮用水，印好会议资料，备好签到表等。

3. 会前签到

会前组织安排好签到工作，如果涉及外单位代表参会的，还要安排好迎宾、导引等接待工作。

4. 进程控制

会议主持，要注意控制好会议进程，确保会议效率。

5. 做好记录，会后跟进

做好会议记录，以便会后与会者按照会议精神跟进工作。会议组织者要将会议上确定的各种任务一对一地根据会议精神落实到相关责任人，经当事人确认后，印发会议记录，定期跟踪各项任务的完成情况，并向相关负责人汇报。

二、参加会议的礼仪

1. 提前准备

接到会议通知后，根据会议的议题，提前做好相关资料的准备、发言的准备。对于准备在会议上提出的观点、提供的数据等资料，都要一一核实，反复推敲。

2. 准时到会

根据会议的时间，应提前5~10分钟到场，做好参会准备。关闭手机或将手机调成静音，避免打断会议进程。

3. 聆听与记录

认真聆听会议内容，抓住要点，做好记录，积极思考。

4. 以负责任的态度参与讨论

工作讨论中，适时发言，观点要鲜明，条理要清晰，发言要简明扼要。要以开放的心态，与其他与会者交流，相互启发，相互补充，相互借鉴。

5. 避免不适当的与会举止

在会议中，要避免坐姿不端，左顾右盼，托腮失神，使用手机，做与会议无关的事等。

【自我训练】

（1）请应用所学知识，组织或参与一次班务讨论会，邀请与你同时参加会议的同学对你的训练情况给予中肯的评价。

（2）请应用所学知识，策划组织一次家长会，做好家长会的接待工作。

【行动指南】

会议接待服务的礼仪

1. 迎宾服务

会议代表抵达会场前，要确定迎接的规格，派与到会人员级别相当的人员前往机场、车站、码头迎接，并在会场外设礼宾点。对于重要的会议代表，可安排献花，所献的花必须是鲜花。

迎宾过程中的乘车礼仪：上车时邀请客人先上，打开车门，用手示意，等客人坐稳了，接待人员再上车。一般应请客人坐在后排座右侧位，自己坐左侧。如果客人有陪同，就请前往接待的我方领导人坐在客人左侧，自己坐在前排司机的旁边。如果客人或领导已经坐好，就不必再要求按这个顺序调换。下车时，自己先下，为领导或客人打开车门，请他们下车，以示礼貌。

迎宾过程中的介绍礼仪：当我方领导和贵宾见面时要进行介绍。一般应先把我方领导介绍给贵宾认识。多人之间介绍时，一般先把年纪较轻或身份较低的人介绍给年纪较大的或身份较高的，把男士介绍给女士。介绍内容包括被介绍人的姓名、所在单位名称、职务等。

2. 引导服务

引导服务是在会议期间接待人员为与会者指引会场、座位以及与会者要打听的地方的路线、方向、具体位置、交通条件等的服务。引导事小，但能为与会者带来许多方便，这个细节不容忽视。

引导与会人员时，应在客人左前方大约1米处，随与会者的步伐轻松前进，并时刻注意保持步速，可以适时回头或用余光关注被带领者的跟随情况。在转弯或有台阶的地方，要及时回头提醒客人注意。根据需要，还可以在引导服务期间，与客人做适当的寒暄。

指路时的姿势：右手抬起，4指并拢，拇指与其余4指自然分开，手心向客人，示意所指的方向，并说“请这边走”“请那边走”等。

会前要熟悉场内区域座号，与会人员进入会场时要主动为与会者引座，做到准确无误。

会议休息期间，按规范站在自己的接待岗位上，以便照顾与会者出入或退场。

3. 签到服务

通常在会场入口或接待处设有会议签到处。接待人员在签到台旁边站好，两手交叉放在腹前，做前腹式站立，面带微笑，迎接与会者。当与会者抵达会场时，应主动热情问候，指引与会者签到，领取证件、会议文件和纪念品等。

小型会议签到相对简单，仅仅是名录登记，发放会议证件、会议文件、纪念品等。如果是大型会议，还要准确、及时、合理地安排参会人员的食宿。

4. 茶水服务

对于大型会议、时间较长的会议，为了解决与会者的饮水问题，通常会务服务人员会提供茶水、茶歇服务。

入场前半小时，服务员开始打水，备热水和凉开水。开场前15分钟沏茶。与会者入场时，服务人员采用前腹式姿势站立在接待桌旁，面带微笑迎宾。与会者入座时，主动上前表示欢迎、问候，如“您好，请喝茶”，并为每位与会者斟第一道茶。

代表们饮茶、交谈时，服务人员应站立在接待桌旁边，留意观察各桌的需要，及时续水。续水时，要随手带一块茶巾。为了不影响与会者的谈话，不要在交谈的两个座位之间斟茶。成丁字步站立，上身自然前倾，左手将杯盖揭开翻放在台面，再拿起茶杯撤离座位后约20cm处斟茶，以防溅到与会者身上。记住：茶满八分为敬。然后轻轻放回原处，用小茶巾擦净茶壶外的水迹。斟茶要采用开式，不得采用闭式斟茶，即不得反手斟茶，因为那是对客人的不敬。

在会场内要轻步走路，以免发出声响。一般来说，对于大型会议，会场都铺有地毯，即为吸声而设。特别是女士高跟鞋在硬质地板上发出刺耳的“咔咔”声是令人生厌的，被视为大型会议的禁忌，要注意避免。会议期间，手机要调静音，以免打扰会议进程。

5. 安全服务

会场保安与服务人员要共同做好会场安全工作，对于重要的会议则要提前封场，严格做好安全检查工作。会场入口要做好验证工作和安检工作，做到凭证出入，防止非会议人员入内。

6. 清理会场

会议结束后，要迅速把会场恢复到使用前的整洁状态；同时，要认真检查会场，因为与会者离开时可能会遗漏物品和文件，故一旦发现，要及时送还。

自我训练与复习巩固

一、礼仪常识自测题

（一）多项选择题

1. 职场中着装应注意保持端庄的形象，以下做法正确的是（ ）

A. 服饰色彩搭配，以少为佳，一般全身上下的色彩不宜超过 3 种颜色

B. 服饰不应露胸、露背、露腰，不宜穿吊带裙，拖鞋

C. 服饰应避免残破、皱褶与异味

D. 与服饰相配搭的首饰以少为好，不能过于夸张

E. 应该避免穿经常需要整理的衣服

2. 办公时间应避免出现以下行为，有损自己的职业形象（ ）

A. 在办公室时间内做与工作无关的事，如：玩电脑游戏、闲聊

B. 利用办公电话，打私人电话

C. 利用上班时间接待私人朋友

D. 工作不紧张时，趴在办公台面上休息

E. 把脚放在桌子上或身体斜靠在座椅上

（三）判断题

3. 同事间相处应尊重他人的“距离感”，别人办公时最好不要从旁窥视；不要随意询问，以免打断别人的思路。（ ）

4. 会议服务时接待员应避免穿带鞋钉的高跟鞋，以免走路时发出声响影响会议。（ ）

5. 办公桌是自己职场中的一张大名片，在工作中应时常保持它的整洁有序，为突出自己的个性，可以把自己喜欢的玩具及卡通贴纸作为办公桌的装饰。（ ）

二、思考与辨识

办公室里有 4 个人，他们的名字分别是“每个人”“某个人”“其他人”“没有人”。现在有件重要工作要“每个人”去做，但“每个人”认为“某个人”一定会做，虽然每个人都可以做好，但是没有人去做。“某个人”知道后很生气，因为那原本是“每个人”的工作，每个人都想其他人去做，而“没有人”知道“每个人”都没有做。结果是：“没有人”确认过“其他人”有没有做这件工作，而造成“每个人”都责怪“某个人”。

你认为问题产生的原因是什么？如何才能杜绝这种现象发生？

三、行为训练

职业生活的5项细节训练

5项细节	实施情况
1. 保持工作区间的整洁。 (以你在学校的书桌和家里的写字台为例，进行练习，合理布局，保持整洁，物品用毕归位摆放。)	
2. 上班（上学）的每时每刻都保持精力充沛，没有倦容。	
3. 注意自己说的每一句话，传递正能量，不抱怨、不敷衍。	
4. 使用备忘录，记录自己要完成的任务，按照轻重缓急，一一完成，逐项核对，不要疏漏。	
5. 工作之余（课余时间），学会使用零碎的时间，养成阅读与思考的好习惯，日日知新，年年增智。	

第六章 商务礼仪

教学目标

价值目标： 学会互相尊重，提升职业形象，培养职业意识。

知识目标： 明确商务交往中的行为准则，掌握商务活动中的基本礼仪规范。

能力目标： 将礼仪的原则运用于实际商务活动中，建立良好的人际关系。

——**注重细节，追求卓越**

第一节 拨打与接听商务电话的礼仪

【情景模拟】

假设你与你的同学都已经走上了工作岗位，作为公司职员，拨打和接听商务电话是日常工作的一部分。请演示你们具体会怎么做。

同桌间进行模拟，一位同学扮演A公司的职员，一位同学扮演客户——来自B公司的先生/小姐。由于业务需要，A公司职员主动拨打电话给客户，具体情景自拟。其他同学观摩、评议并思考以下问题：

①拨打电话应该注意哪些礼仪规范？

②接听电话应该注意哪些礼仪规范？

电话是人们工作中不可缺少的沟通工具。电话交谈突破了空间的限制，可以实现两人异地即时交流，但它不像面对面交谈时那样能够为对方留下具体、直观的印象(可视电话除外)，而是要通过谈话的内容、语音、语调等形式来塑造个人形象。电话交谈是计成本的，通话受时间限制，一般应言简意赅，直奔主题。电话可能随时随地打断对方的工作，有可能对对方形成干扰。拨打电话时应尽可能选择不影响对方休息、不打扰对方工作的时段。要运用电话与商务客户进行有效沟通，就要熟练掌握使用电话的技巧与礼仪。通过正确接听与拨打商务电话，创造并维护个人的职业形象和企业的良好形象。

一、接听商务电话的礼仪

(一) 接听电话的基本要求

1. 及时接听电话

听到电话铃声响起，应立即停止手头上的工作，并在铃响3声之内予以接听。最好不要让电话铃响超过5遍。若让对方久等，则会使对方渐渐失去耐心，给对方留下傲慢自大的印象。如遇特殊情况，导致铃响很久才接起电话，应该在通话之初就向对方表示歉意，抱歉让对方久等了，这样便于争取对方的谅解，为良好的沟通开创条件。注意，也不要过早接听电话，如铃声才响过一次，就立即拿起听筒，因为一般此时对方还没有做好通话的心理准备。

2. 礼貌应对

接听电话，要合乎礼仪规范的要求，体现出与人为善、待人有礼、谦恭平和的良好风度。具体在应对中要做到以下几点。

（1）自报家门：接听电话时，要用愉快的声音向对方问好，并自报家门，如“您好，这里是×××公司”，待对方说明找谁，双方确认身份后，再深入交谈。自报家门是为了让对方验证一下，有没有拨错电话或找错人，双方相互确认身份，以便提高沟通效率。

（2）积极回应：要认真聆听对方所提出的问题，给予积极、负责任的回应。根据需要，做好电话记录。若接到误拨进来的电话，要耐心向对方加以说明。如果有可能，还应向对方提供帮助，或者为其代转电话。通话结束时，不要忘记对对方说“再见”“保持联络”等话语。根据国际礼仪惯例，一般由打电话者先挂电话，所以在对方还没有挂电话前，接电话的一方不应主动挂断电话，尤其在对方是尊长或女士的情况下，一定要等对方挂上电话，以表示对对方的尊重。

（3）遇不方便接听时，应做必要解释，如正在开会或进行重要会谈时，不宜接听电话。如果情况许可，则简短通话向对方说明情况，如“对不起，我正在开会……”，并另约一个时间通话，如“……我开完会后给您打过去”（或启用语音留言功能，说明情况）。届时主动打过去。下次通话开始时，应再次向对方致歉。

（二）代接电话的礼仪规范

1. 接转电话要热情，有礼貌

接电话时，当对方要找的人不是自己时，不要轻易拒绝为对方代找他人或接转电话的请求。如果对方要找的人就在自己的身边，千万不要告诉对方他要找的人“不在”，而应耐心问清楚找谁后，用手轻捂话筒，请来电者要找的人前来接听。

如来电者要找的人不在，应立即告知对方，然后询问清楚对方是谁，了解是否需要留言。注意避免先问对方是谁和要办什么事后，才告诉对方要找的人不在，因为这样很容易令对方产生误会，误以为人在与不在取决于来电者是谁和有什么事，这是很不礼貌的。

2. 做好留言记录，并及时转告

如果来电者要找的人不在，需要转达有关事项，代接电话的人一定要认真记录。对于转告的重要事项待对方讲完后，还应复述一次，验证记录是否准确，同时将自己的姓名告诉对方，让对方放心。电话记录一般包括：谁在何时来电，主要表述的事由，具体什么时间要做什么事，有什么特殊的要求，是否需要回电，是否需要面谈等具体信息。代转信息的人，应及时转告信息，以免耽误。代转信息时应注意只单向将信息转达给指定的信息接收者，不要向外界散布有关信息。

【行动指南】

办公电话的摆放

为避免使用电话时碰掉周边物品，应该注意随时整理好办公台面，避免在电话机附近摆放水杯、墨水瓶、花瓶等物品。为了能够及时记录电话内容，电话机旁边应备有纸和笔。在接听电话时，为了方便右手做记录，最好将电话放置在左手边。

二、拨打商务电话的礼仪

拨打电话时一般应注意选择适当的时间，控制好通话的时间长度，在通话内容与表达方式上，应做到主题突出、条理清晰，避免浪费对方的时间，给对方造成不便。具体要求如下所述。

（1）拨打电话的时间选择：选择通话时间应以方便通话对象为原则。一般情况下，不要选择清晨、夜晚，或对方休息、就餐的时间打电话；拨打电话到对方单位，最好避开刚刚上班或临近下班的时间；如果是拨打国际长途电话，还应考虑时差问题，避免影响对方休息。

（2）拨打电话的时间长度控制：应该注意控制好通话时间长度。一般情况下，一次电话的通话长度应控制在 3 分钟以内，在国外被称为“打电话的 3 分钟原则”，要求通话者有很强的时间观念，突出主题，尽可能在短时间内，将自己要表达的意思完整而清晰地表达出来。避免因长时间通话，导致电话占线，影响正常通信，影响工作效率。

（3）对通话内容事先做好准备：拨打商务电话之前，最好能事先就通话的主要内容做好准备，可以将通话的核心内容列出来，先打个腹稿，做到通话层次分明，条理清晰，简明扼要，便于对方理解。这样做既节约了双方的时间、提高了沟通的效率，又可以体现出成熟干练的职业风范。

【知识拓展】

电话形象

“电话形象”是指人们在使用电话时留给通话对象以及其他在场人员的总体印象。电话形象包括电话使用者在接听和拨打电话时的态度、表情、举止、语言及时间的把握等方面。电话形象体现着一个人的礼仪修养和为人态度，通过商务电话还可以反映出一个人的职业素质水平。

微笑着接听和拨打电话，平和、亲切的感觉会在你的语音、语调中自然流露出来，能给人留下良好的印象。接打电话时，应专注于与对方通话，不要一边做手头的工作，一边通话，随意分心，更不应一边通话，一边吃东西，否则态度有失恭敬。应保持端正的坐姿，以饱满的精神状态与对方进行电话沟通。要知道，对方是可以通过你的声音、语气等判断出你的状态与态度的。懒散的状态与傲慢的态度是对通话对象的极度不尊重，是电话礼仪之禁忌。

【课堂实训】

如果你接听客户打来的电话时，对方要找的人不在或正巧不能立即接听电话，你该如何应对？模拟以下情景，看看你的回答，能否使对方感到满意。

情景 1　要找的人正在招待客人。

情景 2　要找的人迟到了。

情景 3　要找的人正在出差。

【行动指南】

网络在线交流的礼仪

网上在线交流是网络沟通的方式之一，其主要方式有虚拟社区、网络聊天室、网络论坛等，是结识新朋友，联络老朋友，交流思想、观点，联系业务的新手段。人们在利用网络进行在线交流的过程中，同样应遵守与真实生活相同的良好行为规范。一般社交场合交谈的基本规则都适用于网络在线沟通。此外，还应遵守以下礼仪规范。

(1) 真诚交流，业务交流要采用真实身份。网络是个虚拟的社区，人们可以以网络身份相互交往，但如果利用网络这个平台展开业务交流，就应采用自己的真实身份与对方接洽，以体现自己的诚意。在网络交流中应注意及时回应对方的信息，不要扯谎，不说怪话，不挖苦讽刺他人，要注意个人的网络形象，要“慎独”，即在没有第三方监察的情况下，依然恪守个人的道德底线。

(2) 检查拼写错误，对即将发出的信息予以复核。网络在线交流是即时沟通的形式，信息应简明扼要，同时应注意检查拼写错误，对即将发出的信息予以复核，避免发出错误的信息，误导交往对象。

(3) 恰当使用图示作为文字表达的补充。由于网络交流为非面对面的交流，故无法即时看到双方的表情，单从语句上有时难以判断说话人的心理状态与感情状态，因此需要使用图示对文字表达加以补充，使表达更加直观、生动、形象，增加语言的幽默感与表现力。

第二节　商务拜访与接待的礼仪

商务拜访与接待是以洽谈公务为主要目的的商务活动。为促使双方在融洽的气氛中展开深入的交流，以期取得良好的沟通效果，主客双方都要把握好其间每一个环节所涉及的礼仪。

一、商务拜访与接待的礼仪原则

1. 适时守时原则

根据双方业务交流合作的需要，约定在适当的时间展开商务拜访与接待活动，而在时间约定方面应该充分考虑方便接待方开展工作；同时，开展商务拜访与接待活动，要遵守预先约定的时间，避免拖延、随意改期等行为，避免打乱对方的正常工作秩序。

2. 效率优先原则

考虑到双方业务都比较繁忙的现实条件，一般商务活动日程安排都较为紧凑，业务拜访不宜过多寒暄，双方应尽早进入正题，说明拜访的来意、会谈的目的，就具体业务问题进行有效的沟通，体现效率优先的会谈原则。

3. 友好磋商原则

在商务会谈中，双方态度应自然诚恳，会谈用语应严谨，具有原则性，双方应尽可能营造友好磋商的氛围。由于双方基于不同的利益诉求，对同一问题往往会从不同的角度出发，提出不同的解决方案，意见冲突与分歧在所难免，双方应谨记会谈的目的是争取达成合作，谋求互惠双赢。因此，理性寻找双方的契合点和合作方案的平衡点，是会谈双方取得建设性成果的关键。即使商务会谈受现实条件所限不能达成共识，也应彼此尊重，互相理解，互相体谅，以增进双方相互间的了解，增强双方未来合作的信心。

二、商务拜访与接待的基本环节及礼仪规范

商务拜访与接待是双方共同参与的商务活动。从拜访活动的发起、预约，到拜访的实施、接待活动的相应展开，直至双方友好会谈，每一步都是双向互动的过程，直接影响着活动的成败。

商务拜访与接待基本环节的礼仪规范如下所述。

1. 环节一：拜访预约

【情景模拟】

电话预约

情景 A 公司业务员致电 B 公司经理，预约一次业务会谈，想就日前双方谈过的一个方案进行进一步的商谈，请两位同学进行情景模拟演示。

观察与评议 由全班同学们对他们的模拟进行观察与评议。

评议要点 拨打和接听电话的礼仪应用情况；预约内容是否清楚、全面；预约时间是否恰当。

商务拜访前应主动与所要拜访的对象进行联系，提前约定拜访时间，这是一项基本礼仪。未经预约的唐突到访，会使对方措手不及，给对方的工作造成不便。如果对方不在，就浪费了时间，降低了工作效率。

电话预约应注意把握预约内容的完整性和预约时间的适合性。

(1) 预约内容：要先讲明拜访者的身份、拜访的目的，然后征求拜访对象的意见，确定拜访时间和具体的拜访地点（一般商务拜访都以办公室为首选拜访地点）。在确定了以上项目后，最好能够复述一次，加以确认。

(2) 预约时间：一般商务拜访应选在上班时间进行，约定具体时间时要充分考虑接待方的工作实际，避免对其日常工作形成干扰。通常一周之内周一事务性的工作较

多，除紧急公务外，一般性商务拜访最好避开周一；一天之中，刚刚上班和就要下班的时间相对较忙，人们一般要做当天的工作计划和总结，最好也要避开这个时段。一般工作日，上午 9:00~11:00 与下午2:30~4:30 是比较合适的拜访时间。做拜访预约时，应把拟拜访的时间长度确定下来，让对方有所了解，以便做好相应的准备。拜访预约最好能够提前 3 天到 1 周进行预约，以便对方安排时间。如果要拜访的人特别重要，会谈的事项特别重大，还应提前半个月至一个月进行预约，以期对方能够协调安排出时间。凡预约确定后，在拜访前一天都应再次确认一下，以防临时有变。

双方约定好时间后，一般不宜随意更改。如果因特殊原因不能如期进行会谈，应坦诚地向对方说明，并另行约定时间。注意，对于约定的时间，不能一改再改，否则会使对方感到你缺乏诚意。

2. 环节二：拜访前准备与接待前准备

(1) 提前准备好个人名片与公务文件。商务拜访与接待活动之前，双方应准备好个人的名片、会谈所需的公务文件，如涉及商务考察、参观的，接待方还应提前拟定好参观的线路，准备好考察点的具体讲解事宜，以确保商务考察与会谈活动的顺利进行。

(2) 整理好个人的仪容仪表。商务拜访与接待活动之前，双方都应整理好个人的仪容仪表，维护个人职业形象和公司形象。接待方的前台人员应时刻保持良好的个人仪表，因为他们给来访者留下的第一印象，会直接影响对方心目中对公司的评价。

(3) 拜访者应事先安排好具体线路、所使用的交通工具，预计好路程所需时间，确保准时到达被访公司。赴约时，首要的礼仪规则就是守时，无故让对方等候是严重失礼的行为。拜访者应把握好时间，确保能准时到达被访公司，也可以提前 5 分钟到达，但不要过早，以免打乱对方的日程。特别是初次拜访一个处在陌生地段的公司时，为确保能准时到达被访公司，拜访者应事先安排好具体的线路，安排好所使用的交通工具，充分考虑交通繁忙情况，预计好路程所需的时间，避免迟到。

如果因紧急的事情，不得不晚到，则必须及时打电话向对方解释清楚，并征得对方的谅解。不守时是商务活动之大忌。给别人留下不守时的印象，其实就是留下了不讲信用、缺乏责任感的不良印象，会为双方以后的合作带来阻碍。

(4) 雨天拜访时拜访者应注意提早到达约定地点，并整理好仪表，特别注意鞋子要保持清洁，雨具要妥善收好。在职场中，不要以为做大事就可以不拘小节，不修边幅。你的仪表及行为细节都直接反映了你的气质、性格和内心世界，影响着人们对你的专业能力和任职资格的判断。雨天拜访时，拜访者除了要关注到自身的仪表形象之外，还应注意不要因自己的雨天到访给对方带来不便。鞋上可能留有的泥水，会留下难看的足迹；而没有妥善收好的雨具，可能留下一路的水渍……这些都会给对方留下做事以自我为中心、不顾及对方需要的不良印象。

【行动指南】

自我介绍的礼仪

有关介绍的礼仪是社会交往中相互了解、建立联系的一种基本方式。通过介绍可以缩短人与人之间的距离，为更好地交谈、相互了解与合作奠定基础。日常交际中的介绍有自我介绍、他人介绍、集体介绍等3种。下面主要讲解自我介绍。

1. 自我介绍的时机

(1) 求学、求职应聘时。

(2) 前往陌生单位，进行业务联系时。

(3) 拜访中遇到对方不在，需要请不相识的人代为转告时。

(4) 社交场合中，与不相识者相处并且有必要临时接触时。

(5) 在公共聚会上，打算介入陌生人组成的交际圈时。

(6) 交往对象记不清自己或担心这种情况出现时。

(7) 在公共场合对公众进行自我推荐、自我宣传或业务推广时。

2. 自我介绍的分寸

(1) 注意控制时间，即自我介绍应简洁明了，时间控制在一分半钟以内为宜。为节约时间，还可以利用名片、介绍信加以辅助。

(2) 注意把握时机，即注意观察对方的状态，选择最佳时机进行自我介绍，如果对方正在忙于处理事务或正在用餐、休息，则应稍后；如果对方无兴趣或心情不好，则最好能另择时机做自我介绍。

(3) 态度诚恳，内容真实。自我介绍时应面带微笑，用标准的普通话或对方国家的语言（如英语）进行介绍。内容应真实，不要过于谦虚，也不要自吹自擂，更不可欺骗他人。

3. 自我介绍具体情景与介绍内容选择

(1) 商务式（公务式）自我介绍：商务式自我介绍常用于日常工作交往和正式场合。介绍时一般应包括本人姓名、工作单位及部门、担当的职务或从事的具体工作等3项。如“您好，我是张悦，是朗程电脑公司的销售经理”；“您好，我是周志宇，是瑞星软件开发公司的人力资源部经理”。

(2) 应酬式自我介绍：应酬式自我介绍常用于一般社交场合，与交往对象只进行一般接触，而无深入交往的愿望。介绍时只向对方表明自己的身份即可，往往只有姓名一项，如“您好，我是张悦”；“您好，我是周志宇”。有时，也可以对自己的名字写法做相应的解释，如“我是周志宇，志向的志，宇宙的宇”。

(3) 交流式自我介绍：交流式的自我介绍用于社交场合，具有较强的互动性，通过自我介绍主动寻求与交往对象的进一步交流。交流式自我介绍的内容包括个人的姓名、工作、籍贯、学历、兴趣爱好及与交往对象相熟的人等。如“您好，我是张悦，是×××学校的小提琴教师，听说您是武汉人，真巧，我也是武汉的，我是去年来这里的”。

(4) 礼仪式自我介绍：礼仪式自我介绍适用于正式场合，特别是隆重的庆典、仪式或正规的报告会、讲座、演讲等场合。礼仪式自我介绍表示对交往对象的敬意与友好，比较谦恭。具体介绍内容包括姓名、单位、职务及一些表示谦恭的用语。如“各位来宾，大家好。我是格智文化传播公司的副总经理×××。今天很荣幸在此与各位业界人士交流心得，有不当之处，敬请各位批评指正”。

(5) 问答式自我介绍：问答式自我介绍一般用于应试、应聘、公务（商务）交往场合，一般要求有问有答，真实，不吹嘘。如“您好，请问您贵姓”；“您好，免贵姓吴，口天吴”。

3. 环节三：拜访接洽与接待引导

拜访者到达受访单位后接洽的第一站，往往是前台接待处。待说明到访目的和具体受访人姓名后，由前台接待员引导拜访者前往会客室或受访者办公室进行会谈。

在这个环节中，拜访与接待的具体礼仪规范如下所述。

(1) 拜访方自我介绍、说明来意、等候会面。到达对方公司前台接待处后，应面带微笑，向对方前台人员做自我介绍，递上自己的名片，并说明具体要拜访的对象，说明自己是否有预约，预约的具体时间和来访的目的。

(2) 接待方了解清楚拜访者的来意，及时接洽受访者。接待方应面带微笑地接待拜访者，了解具体要访问的部门、人员，是否有预约，以及来访的目的等，及时与被访者取得联系，并根据被访者的要求，对来访者给予明确的回复。

(3) 接待方引导拜访者到会客室或受访者办公室。如果受访者因故不能立即接待拜访者，接待人员一般应将拜访者引导到会客室或会议室等候，也可请对方在前台接待处等候。

拜访方应听从接待人员的安排，如果对方没有说“可以随便参观”之类的话，那么最好不要随意走动，更不要“窥视”对方的工作。等候期间一般不应向接待人员提出任何要求，不应与对方闲谈，以免影响对方的工作。

如果被引导至会客室等候，拜访者最好先坐在下座上等候，表示谦恭。下座是离门最近的座位，上座是离门较远的位置。当主人请你坐上座时，客随主便即可。

若等待时间超过预定时间 15 分钟以上，可以礼貌地询问对方大约还需要等待多久，但不要不停地追问对方。若因故不能继续等候，应该向接待人员委婉说明原因，告辞后再离开，不应不辞而别，也不要抱怨，更不应大发雷霆。

【课堂实训】

商务拜访与接待——接待处接洽

请两位同学进行演示，其他学生观察并就礼仪细节进行点评，演示内容如下：

（1）拜访者：问好，自我介绍，递名片，说明来意（有预约），征询接访者是否在。

（2）接待员：迅速联络接访者，并安排双方会晤，带客人到会谈室等候。

【行动指南】

使用名片的礼仪

名片具有通报身份、方便联络的功能。商务活动中双方交换名片，彼此结识，是日后合作的起点。名片上最重要的信息，是个人工作单位名称、职务、办公地点、办公电话号码、手机号码、通信地址、电子邮箱等。

在商务活动中，应提前准备好名片，最好养成随身携带名片的好习惯。一般应将名片放在名片夹里，也可放在上衣口袋里。在办公室抽屉里和公文包里都应备有名片。

交换名片应注意以下礼仪细节：

1. 递送名片的礼仪

在商务活动中，在被介绍给对方时，在希望认识对方时，在对方提议交换名片时，在对方索要名片时，或在自己希望获得对方的名片时，都应及时递送自己的名片给对方。

递送名片应注意先后次序：一般是先客后主，先低后高，即客人应先递交名片给主人，地位低的人应首先向地位高的人递送名片。递送名片给多人时，应按职务高低、年龄大小依次递送，或由近及远，或按顺时针依次递送，要注意避免跳跃式递送。

递送名片时，应起身站立，走上前去，面带微笑，目视对方，双手持名片两端，名片文字方向正对对方，以齐胸的高度平递给对方。还应辅以相应的介绍语，如“这是我的名片，请多多指教”。

交换名片时，如果自己的名片用完了，可以在干净的纸上端正地书写个人资料以代替。一般不应只说一句“对不起，名片用完了”，否则会给对方留下回绝、不好交往的印象。

2. 索要名片的礼仪

索要名片常用的方法是交易法，即先向对方递送自己的名片，做自我介绍，一般对方会本着对等交往的理念，回赠名片给你。也可以采用询问法，如“不知以后怎样和您联络”。一般对方会会意，并向你递送名片。如果对方地位较高或者是长辈，则应该在询问时注意措辞，如“×××博士，以后如何向您请教”。如果对方和你比较熟悉，好久没有联络了，你担心对方的联系方式或工作单位有变，可以直接明示对方，如“×××，都3年没见面了，咱们交换一下名片吧，以后方便联络”。

3. 接受名片的礼仪

别人递送名片给你时，作为接受的一方，应起身上前双手接名片，表示恭敬。接名片时，应该面带微笑，目视对方，双手拇指和食指接名片的下方两角，同时应说“谢谢”“很高兴认识你”“请多多指教”之类的恭敬语。

接过名片后，应认真看一遍上面的内容，并点头表示对对方的敬重。最好能视具体情况，尊称对方的姓氏与职位，表示高兴认识对方。如果遇到不能确认发音的字，则最好礼貌地加以请教，不要猜着读，以免闹笑话。

如果接下来和对方谈话，也可以双手郑重地将对方的名片放在桌上的显眼位置，方便对照明片记住对方。注意不要在名片上放置其他物品。待谈话结束时，将名片放在名片夹中，不可随意留在桌面。

4. 管理名片的礼仪

参加商务活动后，可能一次性收到许多名片，回到办公室后，应对其做出相应的分类和管理，否则，当有一天，你急需寻找某位曾结识的人时，可能一时找不到他留下的名片。

商务活动结束后，应回忆一下刚刚认识的重要人物。第二天或第三天还可主动与之取得联络，可以采用打电话、发电子邮件等形式，表示很高兴认识对方，适当赞美对方，以加深对方对你的印象。此外，应对名片进行分类管理，一般按行业或省份、城市等地区特征加以分类，也可以按照关系性质加以分类，如同学、同事、客户、专家、顾问等。还应养成经常翻查名片档案的习惯，在节日等特定时间，对商务客户发祝福短信，让对方感到你对他的尊重。

5. 制作名片的礼仪

制作名片的字体要容易识别，尽量避免使用行书、草书、篆书等字体，要以方便对方阅读为主；版式以横式为主，便于递接；色彩宜朴素淡雅，避免黑色、红色、紫色、绿色等易使人眼花的颜色；图案不宜多，更不应印漫画、宠物等。

4. 环节四：双方会面与商务洽谈

会谈双方见面后，应相互问候，握手致意，然后迅速切入主题，进行商务洽谈。会谈时应注意把握时间，注重效率。商务洽谈过程中，要注意平等商讨，公开而有礼貌地阐明自己的观点，让对方能够充分理解。商讨目标应该明确，一切都围绕主题展开，并争取解决某些特定问题，不要漫无边际地泛泛而谈。在商讨中即使暂时达不成统一的观点，也要各自阐明观点，使双方都可以各自审度和理解对方。商讨的态度要诚恳，友好地展开商务辩论，必须条理清楚，表达严密，言简意赅，主题突出，抓住关键，不要纠缠于细枝末节。如果碰到冷场的状况，要巧妙地活跃气氛，冷场的时间最好能控制在 5 分钟以内，要迅速找到冷场的原因，把有争议的问题摆出来，引导双方冷静深入会谈，或将问题暂时搁置，转而先探讨容易达成一致的问题，先求同，再对不易达成一致的问题做进一步思量和磋商。

说话要把握好分寸，要注意观察对方的反应，要在对方谈兴减弱前适时告辞。可以留意观察对方的眼神。如果对方开始涣散了，表示注意力已经开始不集中了，是应该告辞的时候了。也可以注意观察对方的肢体语言。如果对方不时变换坐姿，或者频频看表，通常反映出对方已经不想再谈下去了。还可以从对方的语言中听出来，如果对方只是敷衍地说"嗯""啊"，而没有给予实质性的回应，则表示对方希望能立即结束谈话，应该立即告辞了。

5. 环节五：会晤结束、延伸

在洽谈结束时，无论双方是否能够达成合作，都应真诚友好地道别。接待方应礼貌恭送客人。洽谈结束后，拜访者应尽早返回公司，向上司汇报洽谈的情况及结果。对于洽谈后决定的事项，应尽快予以落实。如果对方是第一次拜访的客户，应该做些礼节性的工作，如采用正式的信件或电子邮件的方式，向对方表达真诚合作的意愿，并感谢对方的接待。

【课堂实训】

请两位同学进行演示，其他学生观察并就礼仪细节进行点评，演示内容如下：

（1）双方公司代表正式会面，问候，握手，迅速切入主题。

（2）会谈时注意掌握时间，注重效率；注意聆听与谈话的礼仪。

（3）会谈后，双方表示期待更进一步合作，或日后能够合作的意愿，道别，送客。

【行动指南】

居间介绍的礼仪

居间介绍，即自己作为第三者，替不相识的双方引见的一种介绍形式。

1. 介绍人

不同的场合中，居间介绍人的角色应由不同的人来担任。如在家庭聚会、宴会等场合中，居间介绍人一般由主人来担任；在公务（商务）活动中，居间介绍人应由公关人员或专业对口的人员担任；接待贵宾时，居间介绍人应该是本单位职务最高者；在非正式场合中，居间介绍人可以是双方共同的熟人。

2. 介绍的顺序

居间介绍时，应遵守“尊者居后”的原则，即尊者有权先知道对方的身份。

一般的介绍顺序是：先介绍下级给上级；先介绍晚辈给长辈；先介绍年轻者给年长者；先介绍男士给女士；先介绍未婚者给已婚者；先介绍家人后介绍同事、朋友；先介绍主人给来宾；先介绍后来者给先到的嘉宾。

3. 介绍的常用方式

(1) 标准式：适用于正式场合，一般说明双方的姓名、单位、职务，如“我来介绍一下，这位是××公司的李经理，这位是××公司的赵总”。

(2) 简介式：适用于一般社交场合，一般只说明双方的姓名或双方的姓氏，如“我来介绍一下，这位是李先生，这位是赵先生”。

(3) 引见式：适用于普通社交场合，只需要引导双方交流即可，不必实质性表达，如“两位认识一下吧，大家都是一个公司的，你们自己聊一下吧”。

(4) 强调式：用于各种社交场合，强调一方与介绍人的关系等，以期引起对方重视，如“这位是××报社的朱××，这位是××电台的何××，何小姐是我的老朋友了，大家认识一下，今后多多联络啊”。

(5) 推荐式：用于较正规的场合，介绍人对一方的优点重点介绍，希望引起重视，如“这位是高先生，是××公司的资深管理顾问，高先生是管理专家。这位是张总，张总最愿意和管理专家探讨管理问题了”。

(6) 礼仪式：适用于隆重正式的场合，即标准式介绍+更礼貌的称呼、语气、表达，如“冯先生，请允许我向您介绍，这位是××公司的李经理。李经理，这位就是××公司经理冯先生”。

第三节　仪式庆典的礼仪

【探索活动】

某职业学校拟定在12月13日举行学生校内技能竞赛“技能节”活动。技能节活动要进行一个简单的开幕式，出席开幕式的领导有教育局领导、劳动局领导、企业代表和校长。你认为这个开幕式应该有哪些环节？需要注意什么？请你与你的2~3名同学组成一个小组，把你的想法和他们充分交流，共同讨论，最后根据你们共同的想法，完成一份学生技能节开幕式的策划书。

庆典，是各种庆祝仪式的统称。在商务活动中，商务人员参加庆典的机会是很多的，既有可能奉命为本企业策划一次庆典，也有可能应邀出席其他企业的某一次庆典。仪式，多指典礼的具体秩序形式，如开幕式、剪彩仪式、升旗仪式等。有时候仪式只是庆典中的一个环节，有时候庆典的举办只是为了其中的一个重要仪式。虽然我们将庆典和仪式归为一类，但并不是把它们混为一谈，因为庆典在很多情况下表现为欢乐、热烈，而仪式无论是与庆典处于同一个项目当中，还是独立于庆典之外，在很多情况下它都表现得庄重、严肃。无论是庆典，还是仪式，都要注意相应的礼仪，只有这样，才能实现其宣传的作用。

下面介绍两种常见的庆典仪式。

一、签字仪式的礼仪

在公务交往活动中，双方经过洽谈、讨论，就某项重大问题意见、重要交易或合作项目达成一致，就需要把谈判成果和共识，用准确、规范、符合法律要求的格式和文字记载下来，经双方签字盖章后形成具有法律约束力的文件。围绕这一过程，一般都要举行签约仪式。

1. 签约仪式的准备

签约仪式是由双方正式代表在有关协议或合同上签字并产生法律效力，体现双方诚意和共祝合作成功的庄严而隆重的仪式。因此，主办方要做好以下准备工作。

(1) 确定参加仪式的人员。企业双方参加签约仪式的人员强调对等原则，因此需要双方做相应的安排。人员数量上也应大体相当。客方应提前与主办方协商自己出席签约仪式的人员，以便主办方做相应的安排。一般来说，双方参加洽谈的人员均应在场。具体签字人，在地位和级别上应对等。

(2) 做好协议文本的准备。签约之“约”事关重大，一旦签订即具有法律效力。所以，待签的文本应由双方与相关部门指定专人分工合作完成文本的定稿、翻译、校对、印刷、装订等工作。除了核对谈判内容与文本的一致性以外，还要核对各种批件、附件、证明等是否完整准确、真实有效，以及译本副本是否与样本正本相符。如有争议或处理不当，应在签约仪式前，通过再次谈判以达到双方谅解和满意方可确定。作为主办方，应为文本的准备提供周到的服务和方便的条件。

(3) 落实签约仪式的场所。落实举行仪式的场所，应视参加签约仪式人员的身份和级别、参加仪式人员的多少和所签文件的重要程度等诸多因素来确定。著名宾馆、饭店，政府会议室、会客厅都可以选择。既可以大张旗鼓地宣传，邀请媒体参加，也可以选择僻静场所进行。无论怎样选择，都应是双方协商的结果，任何一方自行决定后再通知另一方都属失礼的行为。

（4）签约仪式现场的布置。现场布置的总原则是庄重、整洁、清静。常见的布置形式为：在签约现场的厅（室）内，设一加长型条桌，桌面上覆盖着深冷色台布（如深蓝色，应考虑双方的颜色禁忌），桌后只放两张椅子，供双方签约人签字时用。礼仪规范为客方席位在右，主方席位在左。在桌上摆放好双方待签的文本，上端分别置有签字用具（签字笔、吸墨器等）。如果是涉外签约，还应在签字桌的中间摆放一个国旗架，分别挂上双方国旗，注意不要放错方向。如果是国内地区、单位之间的签约，也可在签字桌的两端摆上写有地区、单位名称的席位牌。签字桌后应有一定空间供参加仪式的双方人员站立，背墙上方可挂上“××（项目）签字仪式”字样的条幅。签字桌的前方应开阔、敞亮。如请媒体记者，则还应留有空间，配好灯光。

2. 签约仪式的程序

签字仪式是签署合同的高潮，它的时间不长，但程序规范、庄严、隆重而热烈。签约仪式有一套严格的程序，大体由以下步骤构成（见表6-1）。

表6-1　签约仪式的程序

步骤	活动内容
1	参加签约仪式的双方代表及特约嘉宾按时步入签字仪式现场
2	签约者在签约台前入座，其他人员分主、客各站一边，按其身份自里向外依次由高到低，列队于各自签约者的座位之后
3	双方助签人员分别站立在自己签约者的外侧
4	签约仪式开始后，助签人员翻开文本，指明具体的签字处，由签字人签上自己的姓名，并由助签人员将己方签了字的文本递交给对方助签人员，交换对方的文本后再签字
5	双方保存的协议文本都签好字以后，由双方的签字人亲自郑重地相互交换文本，同时握手致意、祝贺，双方站立人员同时鼓掌
6	协议文本交换后，服务人员用托盘端上香槟酒，双方签约人员举杯同庆，以增添合作愉快的气氛
7	签约仪式结束后，双方可共同接受媒体采访。退场时，可安排客方人员先走，主方送客后自己再离开

3. 签约仪式要注意的礼仪

（1）注意服饰整洁、挺括。参加签约仪式时，应穿正式服装，庄重大方，切不可随意着装。这反映了签约一方对签约的整体态度和对对方的尊重。

（2）关于签约者的身份和职位，双方应对等，过高或过低都会造成不必要的误会。其他人员在站立的位置和排序上也应有讲究，不可自以为是。在整个签约完成之前，参加仪式的双方人员都应平和地微笑着直立站好，不宜互相走动谈话。

(3) 签字应遵守“轮换制”的国际惯例。也就是说，签字者应先在自己一方保存的文本左边首位处签字，然后再交换文本，在对方保存的文本上签字。这样可使双方都有一次机会首位签字。在对方文本上签字后，应亲自与对方签字者互换文本，而不是由助签者代办。

(4) 最后，双方举杯共饮香槟酒时，也不能大声喧哗叫喊。碰杯要轻，而后高举示意，浅抿一口即可，举止要文雅有风度。

【课堂实训】

观看签约仪式视频，说出签约仪式的主要程序，观察和记录签约仪式过程中的礼仪细节。通过抽签，分角色扮演模仿签约仪式的人员，操作相关仪式规范。其他同学点评。

【知识拓展】

剪彩的由来

1912 年，在美国的一个乡间小镇上，有家商店的商主慧眼独具，从一次偶然发生的事故中得到启迪，以它为模式开一代风气之先，为商家创立了一种崭新的庆贺仪式——剪彩仪式。

当时，这家商店即将开业，店主为了阻止闻讯之后蜂拥而至的顾客在正式营业前耐不住性子，争先恐后地闯入店内，把优惠顾客的便宜货争购一空，而使守时而来的人们得不到公平的待遇，便随便找来一条布带子拴在门框上。谁曾料到这项临时性的措施竟然更加激发起了挤在店门之外的人们的好奇心，促使他们更想早一点进入店内，对行将出售的商品先睹为快。

事也凑巧，正当店门之外的人们的好奇心上升到极点，显得有些迫不及待的时候，店主的小女儿牵着一条小狗突然从店里跑了出来，那条“不谙世事”的可爱的小狗若无其事地将拴在店门上的布带子碰落在地。店外不明真相的人们误以为这是该店为了开张致喜所搞的“新把戏”，于是立即一拥而入，大肆抢购。让店主转怒为喜的是，他的这家小店在开业之日的生意居然红火得令人难以设想。

向来有些迷信的他便追根溯源地对此进行了一番“反思”，最后他认定，自己的好运气全是由那条被小女儿的小狗碰落在地的布带子所带来的。因此，此后在他旗下的几家“连锁店”陆续开业时，他便将错就错地如法加以炮制。久而久之，他的小女儿和小狗无意之中的“发明创造”，经过他和后人不断地“提炼升华”，逐渐成为一整套仪式。它先是在全美，后是在全世界广为流传开来。在流传的过程中，它自己也被人们赋予了一个极其响亮的鼎鼎大名——剪彩。沿袭下来，就成了今天盛行的“剪彩”仪式。

二、剪彩仪式的礼仪

剪彩仪式是指商界的有关单位，为了庆祝公司的成立、公司的周年庆典、企业的开工、宾馆的落成、商店的开张、银行的开业、大型建筑物的启用、道路或航道的开通、展销会或展览会的开幕等而举行的一项隆重性的礼仪性程序。

（一）剪彩的准备

剪彩的准备必须一丝不苟。准备工作涉及场地的布置、环境的卫生、灯光与音响的准备、媒体的邀请、人员的培训，等等。在准备这些方面时，必须认真细致，精益求精。在正常情况下，剪彩仪式应在行将启用的建筑、工程或者展销会、博览会的现场举行。正门外的广场、正门内的大厅，都是可以优先考虑的。在活动现场，可略做装饰。在剪彩之处悬挂写有剪彩仪式具体名称的大型横幅，更是必不可少的。

除此之外，对剪彩仪式上所需使用的某些特殊用具，诸如红色缎带、新剪刀、白色薄纱手套、托盘以及红色地毯，也应仔细地进行选择与准备。

（二）剪彩的人员及其礼仪要求

1. 剪彩者

（1）选择剪彩者：在剪彩仪式上担任剪彩者，是一种很高的荣誉。剪彩仪式档次的高低，往往也同剪彩者的身份密切相关。因此，在进行剪彩活动策划时，最重要的是要把剪彩者选好。剪彩者可以是一个人，也可以是几个人，但是一般不应多于5人。通常，剪彩者多由上级领导、合作伙伴、社会名流、员工代表或客户代表担任。

（2）通知剪彩者：确定剪彩者名单，必须是在剪彩仪式正式举行之前。名单一经确定，即应尽早告知对方，使其有所准备。在一般情况下，确定剪彩者时，必须尊重对方个人意见，切勿勉强对方。需要由数人同时担任剪彩者时，应分别告知每位剪彩者届时他将与何人同担此任。这样做是对剪彩者的一种尊重。千万不要“临阵磨枪”，在剪彩开始前临时找人，甚至在现场强拉硬拽。

（3）剪彩者的着装：剪彩者应着套装、套裙或制服，将头发梳理整齐。不允许戴帽子或者墨镜，也不允许着便装。

（4）剪彩者的排位：若剪彩者仅为一人，则其剪彩时居中而立即可。若剪彩者不止一人，则对上场剪彩时位次的尊卑就必须予以重视。国际惯例是：中间高于两侧，右侧高于左侧。距离中间站立者愈远，位次便愈低，即主剪者应居于中央的位置。

2. 助剪者

（1）助剪者的要求：助剪者，指的是剪彩者剪彩的一系列过程中，在其旁为其提供帮助的人员。一般而言，助剪者多由东道主一方的女职员担任。现在，人们对她们的常规称呼是礼仪小姐。礼仪小姐的基本条件是，相貌较好，身材颀长，年轻健康，气质高雅，音色甜美，反应敏捷，机智灵活，善于交际。

（2）助剪者的最佳装束：化淡妆，盘起头发，穿款式、面料、色彩统一的单色旗袍，配肉色连裤丝袜、黑色高跟皮鞋。除戒指、耳环或耳钉外，不佩戴其他任何首饰。有时，礼仪小姐身穿深色或单色的套裙亦可，但是她们的穿着打扮必须尽可能地整齐划一。必要时，可向外单位临时聘请礼仪小姐。

（3）助剪者的分工：在剪彩仪式上服务的礼仪小姐，又可以分为迎宾者、引导者、服务者、拉彩者、捧花者、托盘者（见表6-2）。

表 6-2　助剪者的分工表

分　工	任务描述
迎宾者	在活动现场负责迎来送往
引导者	在进行剪彩时负责带领剪彩者登台或退场
服务者	为来宾尤其是剪彩者提供饮料，安排休息之处
拉彩者	在剪彩时展开、拉直红色缎带
捧花者	在剪彩时手托花团
托盘者	为剪彩者提供剪刀、手套等剪彩用品

【情景模拟】

假设你是某连锁超市的员工，这个超市将在一繁华路段开一个新分店，请你与你的同学一起策划并模拟一次开张剪彩仪式。小组自行组合和分工，道具自备，其他各组观摩点评。

（三）剪彩的程序

按照惯例，剪彩既可以是开业仪式中的一项具体程序，也可以独立出来，由其自身的一系列程序所组成。一般来说，剪彩仪式宜紧凑，忌拖沓，在所耗时间上愈短愈好。短则一刻钟即可，长则不宜超过一个小时。独立举行的剪彩仪式，通常应包含如下 6 项基本的程序。

1. 请来宾就位

在剪彩仪式上，通常只为剪彩者、来宾和本单位的负责人安排座席。在剪彩仪式开始时，即应敬请大家在已排好顺序的座位上就座。在一般情况下，剪彩者应就座于前排。若不止一人时，则应按照剪彩时的顺序就座。

2. 宣布仪式正式开始

在主持人宣布仪式开始后，乐队演奏音乐，全体到场者热烈鼓掌。此后，主持人应向全体到场者介绍到场的重要来宾。

3. 奏主题歌

此刻须全场起立。必要时，亦可随之演奏企业标志性歌曲。

4. 发言

发言者依次应为东道主单位的代表、上级主管部门的代表、地方政府的代表、合作单位的代表，等等。其内容应言简意赅，每人不超过 3 分钟，重点应分别为介绍、道谢与致贺。

5. 剪彩

在剪彩前，须向全体到场者介绍剪彩者。剪彩时，全体应热烈鼓掌，必要时还可奏乐。

6. 参观

剪彩之后，主人应陪同来宾参观剪彩对象相关场所。仪式至此宣告结束。随后东道主单位可向来宾赠送纪念性礼品，并以自助餐款待全体来宾。

【行动指南】

剪彩的具体操作

当主持人宣告进行剪彩之后，礼仪小姐即应率先登场。在上场时，礼仪小姐应排成一行行进，从两侧同时登台，或是从右侧登台均可。登台之后，拉彩者与捧花者应当站成一行，拉彩者站在两端，负责拉直红色缎带，而捧花者各自用双手捧一簇花团。托盘者须站立在拉彩者与捧花者身后一米左右，并且自成一行。

在剪彩者登台时，引导者应在其左前方进行引导，使之各就各位。剪彩者登台时，宜从右侧出场。当剪彩者均已到达既定位置之后，托盘者应前行一步，到达前者的右后侧，以便为其递上剪刀、手套。

剪彩者若不止一人，则其登台时亦应列成一行，并且使主剪者行进在前。在主持人向全体到场者介绍剪彩者时，后者应面含微笑向大家欠身或点头致意。

剪彩者行至既定位置之后，应向拉彩者、捧花者含笑致意。当托盘者递上剪刀、手套时，剪彩者亦应微笑着向其道谢。

在正式剪彩前，剪彩者应首先向拉彩者、捧花者示意，待其有所准备后，集中精力，右手持剪刀，表情庄重地将红色缎带一刀剪断。若多名剪彩者同时剪彩时，其他剪彩者应注意主剪者的动作，与其协调一致，力争大家同时将红色缎带剪断。

按照惯例，剪彩以后，红色花团应准确无误地落入托盘者手中的托盘里，而切勿使之坠地。为此，需要捧花者与托盘者密切合作。剪彩者在剪彩成功后，可以右手举起剪刀，面向全体到场者致意。然后将剪刀放于托盘之内，举手鼓掌。接下来，可依次与主人握手道喜，并列队在引导者的引导下退场。退场时，一般宜从右侧下台。

待剪彩者退场后，其他礼仪小姐方可列队由右侧退场。

在上、下场时，不管是剪彩者，还是助剪者都要注意井然有序、步履稳健、神态自然。在剪彩过程中，更是要表现得不卑不亢、落落大方。

第四节 商务宴请的礼仪

【探索活动】

分组分别搜集宴会、招待会、茶会、工作餐的图片和视频，制作 PPT，向全班介绍商务宴请的 4 种不同种类及其特点，其他同学互相点评和补充。

一、宴请的类型

1. 宴会

宴会为正餐，坐下进食，由招待员顺次上菜。宴会有国宴、正式宴会、便宴之分。按举行的时间，又有早宴（早餐）、午宴、晚宴之分。其隆重程度、出席规格以及菜肴的品种与质量等均有区别。一般来说，晚上举行的宴会较之白天举行的更为隆重。

2. 招待会

招待会是指各种不备正餐的较为灵活的宴请形式，备有食品、酒水饮料，通常都不排席位，可以自由活动。常见的有自助餐和鸡尾酒会两种。

自助餐（Buffet，Buffet-dinner）：这种宴请形式的特点是不排席位，菜肴以冷食为主，也可用热菜，连同餐具陈设在菜桌上，供客人自取。客人可自由活动，可以多次取食。酒水可陈放在桌上，也可由招待员端送。冷餐会在室内或院子、花园里举行，可设小桌、椅子，自由入座，也可以不设座椅，而是站立进餐。根据主、客双方身份，招待会规格隆重程度可高可低，举办时间一般在中午12时至下午2时，下午5时至7时左右。这种形式常用于官方正式活动，以宴请人数众多的宾客。

酒会，又称鸡尾酒会（Cocktail）。这种招待会形式较活泼，便于广泛接触交谈。招待品以酒水为主，略备小吃。不设座椅，仅置小桌（或茶几），以便客人随意走动。酒会举行的时间亦较灵活，中午、下午、晚上均可，请柬上往往注明整个活动延续的时间，客人可在其间任何时候到达和退席，来去自由，不受约束。

3. 茶会

茶会是一种简便的招待形式。举行的时间一般在下午4时左右（亦有上午10时举行的）。茶会通常设在客厅，而不是餐厅。厅内设茶几、座椅，不排席位，但如果是为某贵宾举行的活动，入座时，应有意识地将主宾同主人安排坐到一起，其他人随意就座。茶会顾名思义是请客人品茶，因此茶叶、茶具的选择要有所讲究，或具有地方特色。一般用陶瓷器皿，而不用玻璃杯，也不用热水瓶代替茶壶。外国人一般用红茶，略备点心和地方风味小吃。亦有不用茶而用咖啡者，其组织安排与茶会相同。

4. 工作餐

按用餐时间分为工作早餐、工作午餐、工作晚餐（Working Breakfast，Working Lunch，Working Dinner）。工作餐是现代国际交往中经常采用的一种非正式宴请形式（有的时候由参加者各自付费），利用进餐时间，边吃边谈工作。在代表团访问中，往往因日程安排不开而采用这种形式。此类活动一般只请与工作有关的人员，不请配偶。双边工作餐往往排席位，为便于谈话，通常用长桌，其座位排法与会谈桌席位安排相仿。

二、宴请的准备与程序

（一）宴请的准备

1. 确定宴请的目的、名义和对象

宴请的目的是多种多样的，可以是为某一个人，也可以为某一事件。例如：为代表团来访（作为驻外机构，可以为本国代表团前来访问，也可以为驻在国的代表团前往自己的国家访问），为庆祝某一节日、纪念日，为外交使节或外交官员的到任、离任，为展览会的开幕、闭幕，某项工程动工、竣工等等。在国际交往中，还根据需要举办一些日常的宴请活动。

确定邀请名义和对象的主要根据是主、客双方的身份，也就是说主客身份应该对等。例如，作为东道主宴请来访的外国企业代表时，出面主人的职务和专业一般同代表团团长对口、对等，身份低使人感到冷淡，规格过高亦无必要。如请主宾，通常偕夫人出席，主人若已婚，一般以夫妇名义发出邀请。我国大型正式活动以一人名义发出邀请。日常交往小型宴请则根据具体情况以个人名义或以夫妇名义出面邀请。

2. 确定宴请范围、形式

邀请范围是指请哪些方面的人士，请哪一级别，请多少人，主人一方请什么人出来作陪。这些都要考虑多方因素，要考虑周全，如宴请的性质、主宾的身份、国际惯例、对方对我的做法等等。

邀请范围与规模确定之后，即可草拟具体邀请名单。被邀请人的姓名、职务、称呼，以至于对方是否有配偶都要准确。宴请采取何种形式，在很大程度上取决于当地的习惯做法。一般来说，正式、规格高、人数少的以宴会为宜，人数多则以冷餐或酒会更为合适，妇女界活动多用茶会。

3. 确定宴请时间、地点

宴请的时间应对主、客双方都合适。注意不要选择对方的重大节假日，也不要选择有重要活动或有禁忌的日子和时间。例如，对信奉基督教的人士不要选 13 号，更不要选 13 号星期五。伊斯兰教在斋月内白天禁食，宴请宜在日落后举行。小型宴请应首先征询主宾意见，最好口头当面约请，也可用电话联系。主宾同意后，时间即被认为最后确定，可以按此邀请其他宾客。关于宴请地点的选择，对于官方正式隆重的活动，一般安排在政府、议会大厦或宾馆内举行，其余则按活动性质、规模大小、形式、主人意愿及实际可能而定。选定的场所要能容纳全体人员。举行小型正式宴会时，在可能条件下，宴会厅外另设休息厅（又称等候厅），供宴会前简短交谈用，待主宾到达后一起进宴会厅入席。

4. 发出邀请和请柬格式

各种宴请活动，一般均发请柬，这既是礼貌，亦能提醒客人，起备忘之用。对于便宴，一经约妥，发不发请柬均可。工作进餐一般不发请柬。在有些国家，邀请最高领导人作为主宾参加活动时，需单独发邀请信，而给其他宾客发请柬即可。

请柬一般提前1~2周发出（有的地方须提前一个月），以便被邀请人及早安排。已经口头约妥的活动，仍应补送请柬，并在请柬右上方或下方注上“To remind”（备忘）字样。需安排座位的宴请活动，为确切掌握出席情况，往往要求被邀者答复能否出席。为此，请柬上一般用法文注上 R . S. V. P. （请答复）的缩写字样。如只需不出席者答复，则可注上“Regrets only”（因故不能出席请答复），并注明电话号码。也可以在发出请柬后，用电话询问能否出席。

请柬内容包括活动形式、举行的时间及地点、主人的姓名（如以单位名义邀请，则用单位名称）。请柬行文不用标点符号，所提到的人名、单位名、节日名称都应用全称。中文请柬行文中不提被邀请人姓名（其姓名写在请柬信封上），主人姓名放在落款处。中外文本的请柬格式与行文差异较大，注意不能生硬照译。请柬可以印刷，也可以手写，但手写时字迹要美观、清晰。

要准确书写请柬信封上被邀请人的姓名、职务。国际上习惯给夫妇两人发一张请柬，而国内需凭请柬入场的场合则应每人发一张。对于正式宴会，最好能在发请柬之前排好席次，并在信封下脚注上席次号（Table No.：××）。请柬发出后，应及时落实出席情况，准确记载，以便安排并调整席位。即使是不安排席位的活动，也应对出席率有所估计。

【课堂实训】

你所在的企业要举办5周年庆典，准备在某星级酒店宴请企业的上级主管部门及全体客户，请你设计并制作一张请柬。可自拟宴会的具体时间、地点，以及企业性质、名称等。

5. 审定菜肴酒水与印制菜单

根据活动的形式和规格，应在规定的预算标准以内安排宴请的酒菜。选菜时不要以主人的爱好为准，主要考虑主宾的喜好与禁忌。例如，伊斯兰教徒用清真席，不用酒，甚至不用任何带酒精的饮料；佛教僧侣和一些教徒吃素；也有因身体原因不能吃某种食品的。如果宴会上有个别人有特殊需要，也可以单独为其上菜。若为大型宴请，则应照顾到各个方面。菜肴道数和菜量都要适宜，不要简单地认为海味是名贵菜而泛用，其实不少外国人并不喜欢，特别是海参。在地方上，宜用有地方特色的食品招待，用本地产的名酒。无论哪一种宴请，事先均应开列菜单，并征求主管负责人的同意。获准后，如是宴会，即可印制菜单，菜单一桌两三份，至少一份，讲究的也可每人一份。

6. 席位安排

对于正式宴会，一般均排席位，也可只排部分客人的席位，其他人只排桌次或自由入座。无论采用哪种做法，都要在入席前通知到每一个出席者，使大家心中有数。现场还要有人引导。对于大型的宴会，最好是排席位，以免发生混乱。

按照国际习惯，桌次高低以离主桌位置远近而定，右高左低。桌数较多时，要摆桌次牌（桌次安排参见图 6-1～图 6-9）。

同一桌上，席位高低以离主人的座位远近而定。依外国习惯，男女交叉安排，以女主人为准，主宾在女主人右上方，主宾夫人在男主人右上方；我国习惯则是按各人的职务排列，以便于谈话。如夫人出席，则通常把女方排在一起，即主宾坐男主人右上方，其夫人坐女主人右上方。对于两桌以上的宴会，其他各桌第一主人的位置可以与主桌主人位置同向，也可以以面对主桌的位置为主位。

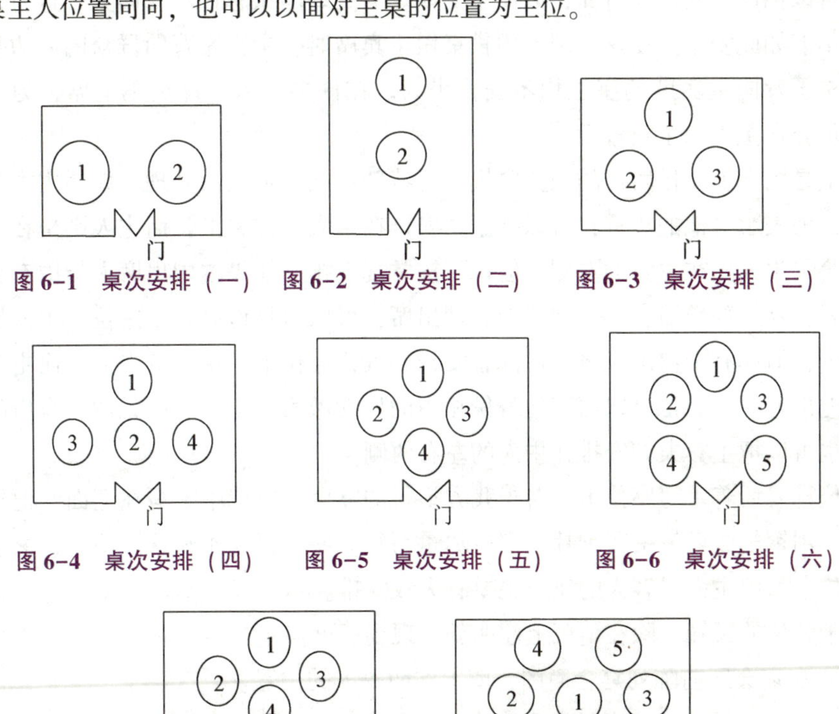

图 6-1　桌次安排（一）　图 6-2　桌次安排（二）　图 6-3　桌次安排（三）

图 6-4　桌次安排（四）　图 6-5　桌次安排（五）　图 6-6　桌次安排（六）

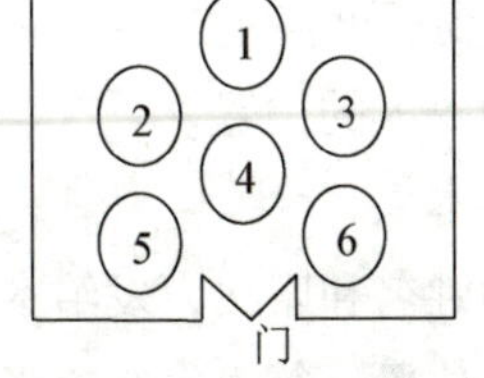

图 6-7　桌次安排（七）

4　5
2　1　3
6　7
门

图 6-8　桌次安排（八）

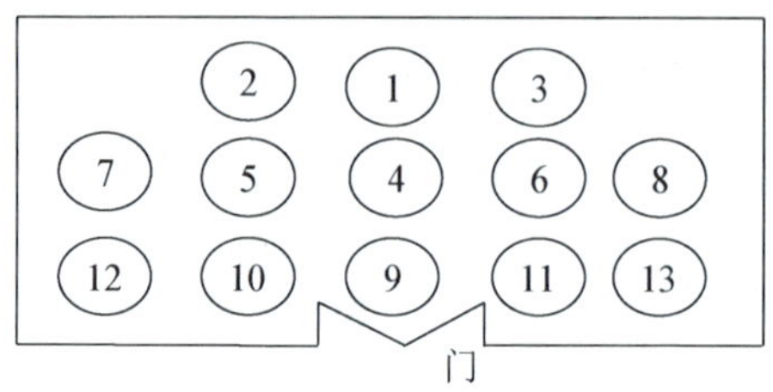

图 6-9　桌次安排（九）

注：以上 1~13 为桌次，1 为最重要嘉宾席。一般接待欧美客人或基督教人士避免以 13 为台号，可以用英文字母表示序号。

礼宾次序是排席位的主要依据。在排席位之前，要把已确认出席的主、客双方出席名单分别按礼宾次序开列出来。除了礼宾顺序之外，在具体安排席位时，还需要考虑其他一些因素，适当照顾各种实际情况。例如，身份大体相同，使用同一语言者，或属同一专业者，可以排在一起。一般把译员安排在主宾右侧。在以长桌做主宾席时，也可以把译员安排在对面，以便于交谈。但一些国家忌讳以背向人，这时译员的座位则不能如此安排。在这些国家用长桌做主宾席时，主宾席背向群众的一边和下面第一排桌子背向主宾席的座位均不安排坐人。在许多国家，译员不上席，为便于交谈，译员坐在主人和主宾背后。

以上是国际上安排席位的一些常规。遇特殊情况，可灵活处理。如遇主宾身份高于主人，为表示对他的尊重，可以把主宾安排在主人的位置上，而主人则坐在主宾位置上，第二主人坐在主宾的左侧，但也可按常规安排。如果本国出席人员中有身份高于主人者，譬如部长请客，总理或副总理出席，可以由身份高者坐主位，主人坐身份高者左侧，但亦有少数国家将身份高者安排到其他席位上。主宾有夫人，而主人的夫人又不能出席时，通常可以请其他身份相当的妇女做第二主人。如无适当身份的妇女出席，也可以把主宾夫妇安排在主人的左右两侧。

席位排妥后着手写座位卡。对于我方举行的宴会，应把中文写在上面，把外文写在下面。用钢笔或毛笔书写卡片，字应尽量写得大些，以便于辨认。便宴、家宴可以不放座位卡，但主人对客人的座位也要有大致安排。

关于席位的通知，除在请柬上注明外，现场还可：

（1）在宴会厅前陈列宴会简图，图上注明每人的位置。

（2）用卡片写上出席者姓名和席次，发给本人。

（3）印出全场席位示意图，标出出席者的姓名和席次，发给本人。

（4）印出全场席位图，包括全体出席者的位置，每人发给一张。

以上这些做法各有特点，人多的宴会宜采用后者，这样便于通知。对于各种通知卡片，可利用客人在休息厅时分发。有的国家是在客人从衣帽间出来时，由服务员用托盘将其卡片递上。如果是口头通知，则由公关工作人员在休息厅通知每位客人。

7. 现场布置

宴会厅和休息厅的布置取决于活动的性质和形式。官方正式活动场所的布置应该严肃、庄重、大方，不要用红绿灯、霓虹灯装饰，可以少量点缀鲜花、刻花等。

宴会可以用圆桌，也可以用长桌或方桌。对于一桌以上的宴会，桌子之间的距离要适当，各个座位之间也要距离相等。如安排有乐队演奏席间乐，则不要离得太近，而且乐声宜轻。宴会休息厅通常放小茶几或小圆桌，与酒会布置类同，如人数少，也可按客厅布置。

冷餐会的菜台用长方桌，通常靠四周陈设，也可根据宴会厅情况，摆在房间的中间。如坐下用餐，可摆四五人一桌的方桌或圆桌。座位要略多于全体宾客人数，以便客人自由就座。

酒会一般摆小圆桌或茶几，以便放花瓶、烟缸、干果、小吃等。也可在四周放些椅子，供妇女和年老体弱者就座。

（二）宴请程序及礼仪要求

1. 迎宾

主人一般在门口迎接客人。官方活动，除男女主人外，还有少数其他主要官员陪同主人排列成行迎宾，通常称之为迎宾线。其位置宜在客人进门存衣以后，进入休息厅之前。客人握手后，由工作人员引进休息厅。如无休息厅，则直接进入宴会厅，但不入座。

2. 休息厅

主宾到达后，由主人陪同进入休息厅与其他客人见面。如其他客人尚未到齐，由迎宾线上其他官员代表主人在门口迎接。休息厅内有相应身份的人员照料客人。由招待员送饮料。

3. 入座

主人陪同主宾进入宴会厅，全体客人就座，宴会即开始。如休息厅较小，或宴会规模大，也可以请主桌以外的客人先入座，贵宾席最后入座。

4. 讲话

各国安排讲话的时间不尽一致。一般正式宴会可在热菜之后甜食之前由主人讲话，接着由客人讲。也有一入席双方即讲话的。冷餐会和酒会讲话时间则更灵活。讲话稿要提前落实，通常双方事先交换讲话稿。

5. 送客

吃完水果后，主人与主宾起立，宴会即告结束。有的主人为每位出席者备有小纪念品或一朵鲜花。宴会结束时，主人招呼客人带上。主宾告辞时，主人应送至门口。

主宾离去后，原迎宾人员顺序排列，与其他客人握别。

三、赴宴的礼仪

1. 应邀

接到宴会邀请（无论是请柬，还是邀请信）后，能否出席要尽早答复对方，以便主人安排。一般来说，对注有 R. S. V. P.（请答复）字样的，无论出席与否，均应迅速答复。注有“Regrets only”（不能出席请复）字样的，则在不能出席时才回复，且应及时回复。经口头约妥再发来的请柬，上面一般注有“To remind”（备忘）字样，其只起提醒作用，可不必答复。答复对方时，可打电话或复以便函。

在接受邀请之后，不要随意改动。万一遇到不得已的特殊情况而不能出席时，尤其是主宾，应尽早向主人解释、道歉，甚至亲自登门表示歉意。

应邀出席一项活动之前，要核实宴请的主人，活动举办的时间、地点，是否邀请了配偶，以及主人对服装的要求。活动多时尤应注意，以免走错地方，或主人未请配偶却双双出席。

2. 抵达

抵达时间的迟或早，逗留时间的长短，在一定程度上反映对主人的尊重与否。应根据活动的性质和当地的习惯掌握。迟到、早退、逗留时间过短被视为失礼或有意冷落。身份高者可略晚到达，一般客人宜略早到达。

抵达宴请地点，先到衣帽间脱下大衣和帽子，然后前往主人迎宾处，主动向主人问好。如是节庆活动，则应表示祝贺。

3. 入座

应邀出席宴请活动，应听从主人安排。如是宴会，则在进入宴会厅之前，先了解自己的桌次和座位。入座时注意桌上座位卡是否写着自己的名字，不要随意乱坐。如邻座是年长者或妇女，应主动协助他们先坐下。

4. 进餐

取菜时，不要盛得过多。盘中食物吃完后，如不够，可以再取。如由招待员分菜，需增添时，待招待员送上时再取。当招待员上菜或主人夹菜，而本人不能吃或不爱吃时，此时不要拒绝，可取少量放在盘内，并表示“谢谢，够了”。对不合口味的菜，勿显露出难堪的表情。

吃东西要文雅。闭嘴咀嚼，喝汤不要啜，吃东西不要发出声音。如汤、菜太热，可稍待凉后再吃，切勿用嘴吹。不要直接将嘴内的鱼刺、骨头往外吐，而要用餐巾掩嘴，用手（吃中餐可用筷子）取出，或轻轻吐在叉上，放在菜盘内。对于吃剩的菜，用过的餐具、牙签，都应放在盘内，勿置桌上。嘴内有食物时，切勿说话。剔牙时，要用手或餐巾遮口。

5. 交谈

无论是主人、陪客，还是宾客，都应与同桌的人交谈，特别是左右邻座。不要只同几个熟人或只同一两人说话。如与邻座不相识，可先做自我介绍。

6. 祝酒

作为主宾，参加外国举行的宴请时，应了解对方的祝酒习惯，即为何人祝酒，何时祝酒等等，以便做必要的准备。碰杯时，主人和主宾先碰，人多时可同时举杯示意，不一定碰杯。祝酒时注意不要交叉碰杯。在主人和主宾致辞、祝酒时，应暂停进餐，停止交谈，注意倾听，也不要借此机会抽烟。奏国歌时应肃立。主人和主宾讲完话，与贵宾席人员碰杯后，往往要到其他各桌敬酒，遇此情况应起立举杯。碰杯时，要目视对方致意。

宴会上相互敬酒表示友好，活跃气氛，但切记喝酒过量。喝酒过量容易失言，甚至失态，因此必须控制在本人酒量的 1/3 以内。

7. 宽衣

在社交场合，无论天气如何炎热，不能当众解开纽扣脱下衣服。对于小型便宴，如主人请客人宽衣，男宾可脱下外衣搭在椅背上。

8. 饮茶或喝咖啡

喝茶或咖啡，如愿加牛奶、白糖，可自取加入杯中，用小茶匙搅拌后，将茶匙放回小碟内。牛奶、白糖通常均用单独器皿盛放。喝时右手拿杯把，左手端小碟。

9. 吃水果

吃梨或苹果时，不要整个拿着咬，应先用水果刀切成 4 瓣或 6 瓣，再用刀去皮、核，然后用手拿着吃。削皮时刀口朝内，从外往里削。吃香蕉要先剥皮，用刀切成小块吃。橙子用刀切成块吃，橘子、荔枝、龙眼等则可剥了皮吃。其余如西瓜、菠萝等，通常都去皮切成块，吃时可用水果刀切成小块用叉取食。

10. 水盂

在宴席上，上鸡、龙虾、水果时，有时送上一小水盂（铜盆、瓷碗或水晶玻璃缸），水上漂有玫瑰花瓣或柠檬片，供洗手用（曾有人将其误认为饮料，以致成为笑话）。洗时两手轮流沾湿指头，轻轻涮洗，然后用餐巾或小毛巾擦干。

11. 纪念品

有的主人为每位出席者备有小纪念品或一朵鲜花。宴会结束时，主人招呼客人带上。遇此，可说一两句赞扬这小礼品的话，但不必郑重表示感谢。有时，外国访问者往往把宴会菜单作为纪念品带走，有时还请同席者在菜单上签名留念。除主人特别示意作为纪念品的东西外，各种招待用品，包括糖果、水果、香烟等，都不要拿走。

12. 告辞与致谢

宴会结束后，男主人务必将客人送至大门口。客人离别时，应对主人的盛情款待表示感谢。有时在出席私人宴请活动之后，往往致以便函或名片表示感谢。

【知识拓展】

西餐礼仪

吃西餐在很大程度上讲是在吃情调：大理石的壁炉、熠熠闪光的水晶灯、银色的烛台、缤纷的美酒，再加上人们优雅迷人的举止，这本身就是一幅动人的油画。为了您在初尝西餐时举止更加娴熟，费些力气熟悉一下这些进餐礼仪，还是非常值得的。

就座时，身体要端正，手肘不要放在桌面上，不可跷足，与餐桌的距离以便于使用餐具为佳。不要随意摆弄餐台上已摆好的餐具。将餐巾对折轻轻放在膝上。

使用刀叉进餐时，从外侧往内侧取用刀叉，要左手持叉，右手持刀；切东西时左手拿叉按住食物，右手执刀将其锯切成小块，然后用叉子送入口中。使用刀时，刀刃不可向外。进餐中放下刀叉时，应摆成“八”字形，分别放在餐盘边上。刀刃朝向自身，表示还要继续吃。每吃完一道菜，将刀叉并拢放在盘中。如果是谈话，可以拿着刀叉，无须放下。不用刀时，也可以用右手持叉，但若需要打手势时，就应放下刀叉，千万不可手执刀叉在空中挥舞摇晃，也不要一手拿刀或叉，而另一只手拿餐巾擦嘴，也不可一手拿酒杯，另一只手拿叉取菜。要记住，任何时候，都不可将刀叉的一端放在盘上，另一端放在桌上。每次送入口中的食物不宜过多，在咀嚼时不要说话，更不可主动与人谈话。

自助餐会不必就座，以方便交流。可是没有固定座位，站着吃饭，难免在仪态上露出破绽，所以要格外注意以下两方面：

（1）不在一个地方停留太久。在自助餐会上，与他人广泛交流才符合主题。不要在餐台一直霸占着椅子，也不要与好友长时间聊天，更不要放弃难得的交际机会而默默站在墙角。

（2）顺时针取菜。即使是自助餐会，也应该按照冷盘、主菜（热）、甜点的顺序取食物，一般情况下，按照顺时针方向取菜就对了。每次取的量不要多，餐盘空出1/4的位置，以便放置酒杯。如此，站着吃东西一样很斯文。吃完后，应主动将空餐盘放回餐台。

【课堂实训】

以6~10人的小组为单位，策划一次商务宴请，主题自拟，组员分别扮演宴请方和受邀方企业的相关人士，演示宴请和赴宴的礼仪，其他组的同学对演示过程中的礼节和礼仪展示做点评并打分。

自我训练与复习巩固

一、礼仪常识自测题

(一) 多项选择题

1. 在办公室接听电话时，正确的做法是（　　）

A. 电话铃响5声后接听

B. 电话铃响3声即接听

C. 接听电话时，说“喂，你找谁?”

D. 接听电话时问好并自报公司部门名称

E. 接听电话时同时可以询问对方：“请问有什么可以帮到您?”

2. 关于递送名片次序以下描述正确的有（　　）

A. 客人应先递送名片给主人

B. 地位低的人应首先递送名片给地位高的人

C. 主人应先递送名片给客人

D. 地位高的人应首先递送名片给地位低的人

E. 递送名片给多人，一般按照顺时针的方向依次递送，避免跳跃空隔递送

3. 与他人交谈时应注意以下礼仪细节（　　）

A. 与人谈话时，要正视他人，双方要有目光接触

B. 要认真聆听，积极回应

C. 不随意打断对方的谈话

D. 不插话、不抢话

E. 对无原则性的问题，不深究

(二) 图形题

商务宴会中的桌次安排，请用1~7来表示台号，1号为最主要嘉宾席，依次递减类推。

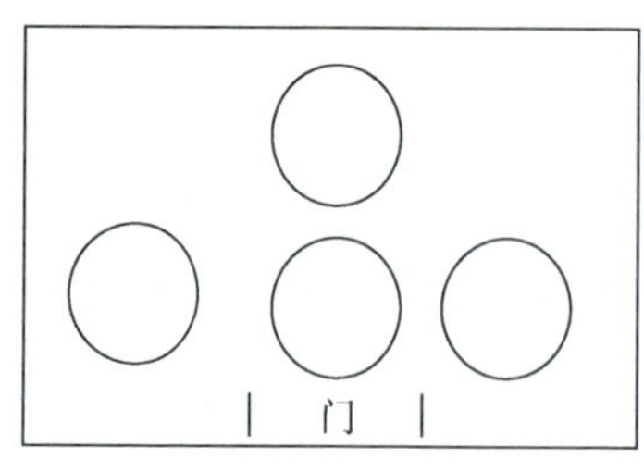

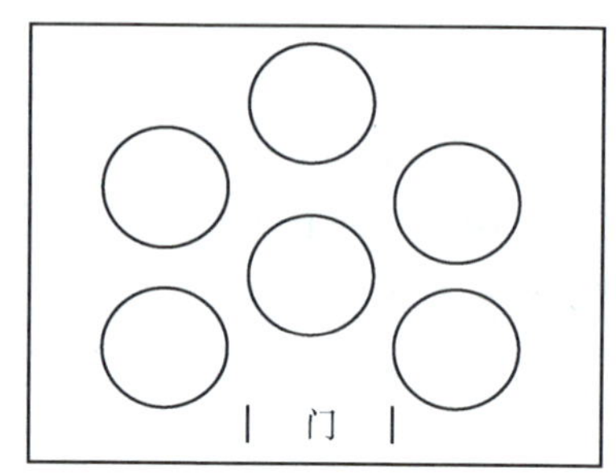

二、思考与辨识

选取同一行业两家企业（如书店、超市），进行神秘顾客消费体验，注意观察企业员工的职业表现，并对其作出评价。

神秘顾客消费体验报告书

报告人		
对比企业	VS	
对比项目 1	我们受到重视和欢迎了吗？（举例说明）	
对比项目 2	我们得到了及时有效的帮助了吗？（举例说明）	
对比项目 3	我们的特殊需要得到了满足了吗？（举例说明）	

续表

<table>
<tr><td>对比项目 4</td><td colspan="2">我们感到满意吗？为什么？</td></tr>
<tr><td colspan="2"></td><td></td></tr>
<tr><td>哪个企业胜出（用一句话总结其胜出理由）</td><td colspan="2"></td></tr>
</table>

三、行为训练

假设你是某连锁超市策划部职员，你的公司将在某繁华路段开一家分店，请你与同学一起策划并模拟一次开张剪彩仪式，在实践中体验，从完成任务的过程中找出优点与不足，培养注重细节的良好习惯。

剪彩活动模拟体验报告

优点	不足
1.	1.
2.	2.

续表

优点	不足
3.	3.
4.	4.
5.	5.
总体感受：	

参考书目

［1］陈玉. 礼仪规范教程（第2版）［M］. 北京：高等教育出版社，2005.

［2］张朝辉. 礼仪规范教程（第3版）［M］. 北京：高等教育出版社，2011.

［3］李莉. 实用礼仪教程（第2版）［M］. 北京：中国人民大学出版社，2006.

［4］郑彦离. 礼仪与形象设计［M］. 北京：清华大学出版社，2009.

［5］薛春潮. 公关与礼仪修养［M］. 北京：北京理工大学出版社，2009.

［6］蒋璟萍. 礼仪的伦理学视角［M］. 北京：中国社会科学出版社，2007.

［7］刘国柱. 现代商务礼仪［M］. 北京：电子工业出版社，2006.

［8］赵敏. 商务礼仪［M］. 南京：南京大学出版社，2006.

［9］梁莉芬，胡晓涓，范睿. 商务沟通［M］. 北京：中国建材工业出版社，2003.

［10］金正昆. 社交礼仪［M］. 北京：中国人民大学出版社，1999.

［11］金正昆. 礼仪金说［M］. 西安：陕西师范大学出版社，2008.

［12］［英］亚伦·皮斯，芭芭拉·皮斯. 身体语言密码［M］. 北京：中国城市出版社，2007.

［13］［日］金井良子. 礼仪基础［M］. 万友，王莹，译. 北京：中国人民大学出版社，2004.

［14］周思敏. 你的礼仪价值百万①②③（第1版）［M］. 北京：中国纺织出版社，2010.

［15］姜汝祥. 请给我结果（第2版）［M］. 北京：中信出版社，2009.

［16］张锡民. 员工执行力训练［M］北京：北京大学出版社，2005.

［17］夏志强. 决定成败的50个工作细节［M］. 北京：万卷出版公司，2006.

［18］严正. 秩序之美·职业化员工情操修炼［M］. 北京：机械工业出版社，2008.

［19］杨茳，赵梓汝. 礼仪师培训教程［M］. 北京：人民交通出版社，2007.